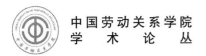

中国劳动关系学院
学 术 论 丛

转型期中国集体协商的
类型化与制度构建

Typology and Institutional
Construction of Collective Consultation
in Chinese Transition

闻效仪 / 著

社会科学文献出版社
SOCIAL SCIENCES ACADEMIC PRESS (CHINA)

目　录
CONTENTS

第一章
导 论

　　与西方工业国家市场经济的发展历程不同，中国市场经济的建立和发育一直都在国家的主导下进行，属于自上而下的"外延型现代化"。国家不仅制定经济的长远规划和发展策略，实现国家对于经济活动的广泛干预，同时，为使经济发展有一个稳定的政治社会环境，也建立起权力集中的强政府，来维护社会稳定。国家力量在培育市场方面发挥了巨大的作用，在市场不发达的情况下，通过政府的强力干预，将经济进程融入政治进程，集中资源和政策，全力发展经济，实现了中国经济的快速现代化。然而，随着市场经济的不断深入，政府强干预的基础条件在悄然发生变化，当初残缺和不成熟的市场已经转变成大规模、有相当深度和广度的市场，供求关系和价格机制已经成为人们共同的思维方式和行为准则，市场获得了摧枯拉朽的巨大力量。这种力量在迅速带来财富积累的同时，也可能通过"市场失灵"的现象带来对经济社会的破坏，同时带来了对社会稳定的挑战。

　　作为经济体制改革的重要组成部分，建立市场化的劳动关系一直是国家致力改革的目标。这一目标是通过用工市场的改革以及赋予企业完全的用人自主权开始的。一方面，受到新经济领域的吸引，大量农村剩余劳动力破除了户籍制度的束缚不断涌入城市，主动成为雇佣劳动者；另一方面，国家推动国有企业改革，通过劳动优化组合以及下岗分流的手段，把大批国企工人推向了就业市场。国家力求建立一个自由流动的劳动力市场，并在经济资源配置中发挥重要作用。在这个过程中，中国劳动关系经历了第一次转型，从计划经济时期国家作为全社会的代表的利益一体化的劳动行政关系，转变为市场经济环境下劳资独立利益主体的雇佣劳动关系，而这个转型的重要标志就是用工市场的高度市场化和自由化，工资完全由劳动力市场供给和需求决定。与此同时，企业雇主们得到了他们想得到的各种类型的劳动力，劳动力市场的自由流动支撑了中国的工业化和现代化进程，为市场资本的发展源源不断地提供了大批劳动力。

虽然国家主导了市场经济建设过程，但雇佣劳动关系本身却无法避免产生"劳工问题"。西方资本主义工业化早期的现象，由于企业资本对工人的过度盘剥，导致工人流失率高、生产效率低下、工资低、工作条件恶劣及罢工频发等劳资冲突现象。[①] 而中国的"劳工问题"自开始建立市场经济之日起就存在，并随着市场化的不断拓展而不断蔓延，并构成了对中国进一步推进市场化改革的挑战，劳资矛盾已经成为当下中国主要的社会矛盾之一。在此背景下，为了稳定产业关系，国家建立了两个工人保护性制度，一个是确定法定劳动基准，明确劳动者的合法权益（包括劳动合同、工资、假期、社保等），另一个则是工人集体协商和集体合同制度，规定"企业职工一方与企业可以就劳动报酬、工作时间、休息休假、劳动安全卫生、保险福利等事项签订集体合同"，这两个制度构成了国家劳动法律和劳动政策的基础。

---

① 以美国威斯康星大学约翰·康芒斯为首的制度学派（The Institutionalists）把 19 世纪末到 20 世纪初的劳资问题发生的原因归纳为劳动分工的影响、市场竞争的压力以及雇主管理方式的粗暴三个方面。参见 Kaufman, *Human Resources and Industrial Relations: Commonalities and Differences*, Human Resource Management Review, winter2001, pp. 339 - 374。

然而，经过多年的建设，两种制度却有了天壤不同的实施效果，劳动基准已经深入社会规则体系之中，劳动者们大多知晓自身的劳动合法权益，并有积极的维护意识，但集体协商和集体合同制度却与之有强烈反差，还没有迹象表明这种制度普遍对劳资双方行为形成了实质性规范，全国也罕有关于集体合同的争议发生。[①]

集体合同制度在中国没有发挥执政者预设的作用，目前主要依靠国家行政力量来约束劳动条件，而借助工会和雇主团体协商来确定劳动条件则是很少见的，即使签订了集体协议，也无非象征性地重抄一遍法定标准，而要通过缔结或修订集体合同来解决纠纷，则更是遥远（程延园，2004）。这个反差证明了一个无奈的事实，集体合同制度在中国与西方市场经济国家有不同的性质，所以才有不同的效果。在市场经济国家，缔结集体合同是劳资自治的经济行为，双方通过集体力量博弈，以谈判的方式来处理工人经济诉求。这套制度也是通过长期的劳资斗争和组织演化才最终成熟和定型的。而对于中国而言，引入这项制度面临复杂的经济问题和政治问题。集体合同制度被国家运用于解决市场经济建设过程的劳工问题，但这也导致了市场本身的抵制。关于集体合同制度存在各种争议，其中的一种担心认为其会干预劳动力市场，增加了劳动力成本。而工会和集体合同则被认为是对劳动力市场具有直接的负面影响（Booth，1995）。事实上，中国一系列劳动法律的出台会引发国家与市场的博弈。[②] 与此同时，

---

① 在中国劳动法律中，关于集体合同的争议有明确的规定，《劳动合同法》第56条规定"因履行集体合同发生的争议，经协商解决不成的，工会可以依法申请仲裁、提起诉讼"。

② 其中最有名的案例当属《劳动合同法》的出台，其不但遭到企业雇主的抱团反对，也遭到了新古典经济学界的批评。他们一方面批评《劳动合同法》和集体谈判工资不符合自由雇佣的市场经济规律；另一方面又将因恰巧遭遇的世界经济危机所造成的工厂困境归咎于《劳动合同法》，并认为集体谈判工资将加剧劳资冲突，进而造成更大的社会和经济的灾难。参见张五常微博的系列批评，2008。

国家还需要认真审视集体合同需要涉及的工人组织问题,集体合同的扩张会带来工人组织的扩张,进而带来政治参与的扩张,这不仅赋予集体合同制度浓厚的政治色彩,也使相关部门的态度处于"举棋不定"的局面。这似乎成了一个循环,劳资冲突的根本原因在于劳资失衡,而解决劳资失衡以及由此产生的劳资冲突最好的方式是进行集体协商,但由于集体协商又涉及工人组织问题,工人组织的发展有可能会被政治化。在这种担忧下,资强劳弱的局面得以进一步维持,并带来更大范围的劳资冲突,这也带来了社会稳定的危机。集体协商制度已经进入"左右为难"的境地,一方面要面临弱势劳动者权益长期受损带来的社会不稳定,另一方面又要避免利益组织化可能带来的政治不稳定。

然而,这种"左右为难"的局面正面临松动的可能,这不仅是因为越来越多的劳资事件已经给经济发展带来了负面影响,同时工人群体中间正在形成越来越强的集体抗争诉求。现实中对以劳动法律基准为核心的个别劳动关系进行构建和调整,对于解决劳资矛盾和维系劳动关系稳定已经力不从心,这其中的深层次原因在于中国劳动力市场发生了结构性变化,劳动力供给关系发生逆转,企业普遍陷入用工荒的局面。这直接带来了新生代农民工利益诉求层次的上升,最低工资制度以及劳动法律已经无法满足各种类型的"法外诉求",席卷全国的劳动力短缺现象也不断推高工人要求改善其工作条件和提高工资的谈判能力,市场机制这只"看不见的手"正在促使中国劳动关系发生第二次转型,从个体劳动关系向集体劳动关系的转型(常凯,2013)。这个转型的标志是工人集体意识、集体行动能力以及集体组织的变化。

首先,在集体意识上,工人传统的亲缘和乡缘关系正在发生变化。据2014年最新的报告数据显示,40.7%的新生代农民工在遇到具体问题时会首先选择与朋友讨论,这比老一代高出19.5个百分点。同时,

25.1%的新生代农民工最主要的手机联系人是同学和同事，这也比老一代高出14.2个百分点（清华大学社会学系，2015）。尤其是大批的新生代农民工都是技校的同学，成建制地进入工厂工作，这也进一步促使工人团结关系的形成。其次，处于劳动力市场稀缺的工人在集体行动中也展现了日益成熟的组织意识和组织能力，斗争场域从公共场所转向了工作场所，抗争形态去除了表面的激烈性，而是以"集体散步""集体喝茶""集体休息"的平和方式展现，矛头直接对准了雇主。他们照常来上班，却出工不出力，或者干脆离开工作车间。过程中没有激烈的对抗，工人们甚至会互相提醒不要和管理层冲撞。这种从容和自信的背后在于工人们通过组织化的能力找到了更有效的斗争手段，破坏生产秩序代替了破坏公共秩序。不仅如此，越来越多的罢工现场出现了工人纠察队的身影。[①] 最后，工人普遍要求建立能够代表自身利益的工会组织，在罢工中"重整工会"的诉求日益强烈和普遍[②]，劳工NGO等体制外组织也在不断向他们传授结社经验。劳工NGO开始高度介入罢工事件之中，它们通过网络以及眼线会很快联系上罢工积极分子，帮助他们组织工人，为工人提供培训，与雇主进行谈判。（陈伟光，2012）。

[①] 笔者在深圳的一家企业的罢工现场就看到了工人纠察队，该工厂的罢工事件是企业搬迁导致，工人要求提高工资以及给付足额赔偿金。为了保证罢工秩序，该厂罢工的积极分子组成了纠察队，纠察队队员的胳膊上都戴着红袖标，上面写着"加薪3000"。

[②] 2007年的盐田国际停工事件是中国劳动关系发展的一个标志性事件，工人首次提出了"提高工资、共享发展成果"的诉求，并要求成立"自己的工会"。以往，工人还没有太多的诉求要求分享企业利润，企业能够认真执行法律标准就不错了。而现在工人的诉求已经不满足于最低工资标准，而是要求法定标准以上更多利益的增长，要求与企业分享发展的成果。而如今越来越多的罢工事件，都与工人要求提高工资、改善劳动条件、发展自身的权益有关。不仅如此，相比于他们的父辈，新生代工人更难容忍不公平的现象而且有更强烈的愿望来保障他们的权利，他们对现实有着更多的不满，并要求更多的利益。因善于利用网络和手机而获得了更有效的组织性，加上劳动力市场短缺而获取的自信心，他们也更愿意和更容易发动罢工，而罢工事实上成为工人维权成本最低、效率最高，也最普遍的诉求方式。

工人的组织化趋势带来的重要结果就是罢工的不断发生，并产生了一种以解决罢工为主要目的的另类集体协商形式，即通过罢工现场推选工人代表与雇主进行谈判以满足工人利益诉求。在这种"罢工推动的集体谈判"方式中，由于形成了集体行动能力，工人往往能够获得比较大的利益，并以此恢复生产秩序。由于传统靠强制力量介入的维稳方式不仅不能解决问题，反而会带来矛盾的激化，引发更大程度的问题，因此鼓励选举工人代表谈判解决问题代表了地方政府劳资事件处置方式的转变。但是，这种类似于危机谈判的方式本身并无法实现工人工资的制度性增长，也无法从根本上预防罢工的发生，在罢工现场推举出来的工人代表也没有获得工人群体十足的信任。由于没有长期的组织化基础，这种短暂的民主形式反而会导致工人群体的内部分裂，以致工人谈判代表签订的集体协议会被工人反复推翻。在一些事件中，甚至出现工人冲击谈判现场的极端行为。这个问题的背后更加突显了工会组织的重要性，正是因为没有代表性组织，工人缺乏基本的组织概念，才无法形成统一的诉求和有纪律的行动。

正因为如此，一些地方政府出于稳定产业关系的担忧，开始思考工会的变革以及实践不同程度的代表性改革。传统的集体协商模式以及"罢工推动的集体谈判"代表了中国劳动关系的两端，前者代表了自上而下的官方程序，通过复杂和政治化的设计力图稳定产业关系，却不可避免地形式化，后者则是前者失效的例证，工人通过自下而上的力量，实现了短暂的劳资对话，却无法实现长期的制度化。在此背景下，在体制内和体制外两股力量的共同推动下，中国开始出现了新的集体协商类型，这些类型的出现都与工会组织的代表性形态变化密切相关。在地方工会层面，地区的劳资动荡客观上使工会在党政系统中被赋予更高的期望和权力，一些地方工会变得更加强势，希望有更强的自上而下的代表性，并通过公权力来促使整个党政体系承担稳定劳动关系的责任。在行业工会层面，以往被严加限制的局面被迅速打破，江浙地区大量民营企业组成的行业协会带动了行业工会的横向成长，而行业工会有了更多的工人参与，提升了代表性。在企业工会层面，珠三角工业园区中越来越多的外资企业实现了工会直选，工人通过民主选举的方式选出了能够代表自己利益的工会组织，企业工会有了相当程度的代表性和合法性。这些不同形态的工会发展了不同类型的集体协商模式，具有不同的程序和特点，也取得了不同的成果（见表1-1）。

表1-1 中国集体协商的三种类型

	政府发起的集体协商	雇主发起的集体协商	工人发起的集体协商
分布区域	国有经济集中的地区	私营企业集中的乡镇区域	外资企业集中的工业园区
工会类型	地方工会	具有一定代表性的行业工会	工人代表及直选的企业工会
集体协商目的	稳定以及完成指标	避免同业过度竞争	工资增长以及产业和平
力量来源	政府公权力	行业自治力	工人集体行动力
协商内容	完成集体合同签订	工价	工资增长、福利、制度
成果	无	小幅工资增长	较大幅度的工资增长
工人组织程度	无	较低	较高

一 政府发起的集体协商（强势地方工会）

与企业工会的涣散无力相比，市场经济发展过程中的劳资动荡却使工会机关变得越发强势。这种强势的著名例证之一就是全国总工会推动了《劳动合同法》等一系列劳动法律的出台，这些法律尽管遭到了国内外资本以及经济部门的极大反对并进行了反复博弈，这些法律全总最终还是取得了胜利。[①] 由于大量的劳资冲突事件直接威胁了社会稳定，一方面工会希望有更大的作为来增强代表性和合法性，另一方面需要政府高度重视并赋予工会"更多的资源和手段"，支持工会开展工作以稳定劳动关系。由于嵌入党政体系之中，工会凭借其特殊地位，可以直接获取行政权力。如果工会主席成为党委常委，就可以影响或决定各领域内重大的事项以及官员的任免；如果工会主席成为人大常委会副主任，就可以影响各级政府的立法和执法，而这些党政权力也会间接变成工会的权力，并将直接增强工会的力量。而工会也越来越频繁使用行政权力来稳定劳动关系，下级政府和企业对待上级工会的压力时，并不敢怠慢，因为他们知道上级工会其实代表着上级政府以及背后的行政权力。

在此背景下，集体协商工作常常在党政的权力平台上运作，它受到地方政府的高度重视，并层层分解为地方党政的工作目标。一方面，集体谈判工作常常被纳入各级地方政府的绩效考核体系，集体合同在上级层面分解成定量指标，然后下达给各级地方政府，考核结果与指标完成情况直接与政府官员和工会领导的升迁相关。另一方面，为了能够完成上级下达的指标，地方政府成为事实上集体协商的主体。为了迫使企业签订集体合同，地方政府常常动用各种行政手段，对雇主形成高压态势，工商和税务部门会随时处罚那些不听话的企业（闻效

---

① 在与资本博弈的过程中，全国总工会发动了一场《劳动合同法》的"保卫战"，并史无前例地自下而上发动工人。一审稿向全社会公布征求意见时，全总部署工会（全总）专门出台了《全总部署工会参与全国人大劳动合同法（草案）公开征求意见工作的提纲》，一个月内自网上的反馈意见多达 19 万多条，而其中大部分都来自劳动者，劳动者对于《劳动合同法》的热情和期望被全总充分调动起来，19 万多条意见很大程度上成为工会发动的一种预先投票。

仪，2013）。然而，工会自上而下代表性的努力却受到重重阻碍，政府发动的集体协商运动很难改变基层政府更愿意与资本站在一起的立场，并力图使集体谈判形式化。集体协商工作已经转变了其本应确定工资和劳动条件的属性，变成提高集体合同签订数量和扩大合同的覆盖面，从而更好地完成考核指标。

"政府发动的集体协商"是中国最普遍的一种集体谈判类型，因为各级地方政府都必须完成中央政府和全总下发的考核指标。但相比于沿海地区，这种类型的集体协商在东北地区以及中国内陆地区更加流行。这些地区的国有经济占更大比例，民营经济发展迟缓，市场化程度不高，计划经济气息浓厚。这种经济结构使政府的行政力量更具穿透性，由于国企管理者都由政府任命，国有企业必须听命于地方政府，弱小的非公企业则更无法挑战政府权威，只能忙于应付或造假。在这种"强国家、弱市场"的格局下，这些地区的集体协商工作所向披靡，无论是集体合同的数量还是集体协商制度的覆盖面，都远远高于资本聚集的沿海地区，走在全国的前列。这对于推广集体合同理念以及进一步落实最低工资制度是有正面意义的。当然，政府发动的集体协商还是缺少了劳资博弈的过程，在不发动工人情况下，完成了集体合同的签订工作，集体协商正在演变成一场国家和地方围绕指标考核而进行的体制内互动（吴清军，2012）。

二 雇主发起的集体协商（行业工会）

改革开放初期，雇主组织还是一个新鲜事物，而如今行业协会、商会、外商联合会的雇主组织已经遍地开花，由于与政府经济发展导向相契合，雇主组织得到蓬勃的发展，而长三角成为中国雇主组织最活跃的地区。长三角经济是与珠三角经济并驾齐驱的经济发展模式。

不同于外来资本聚集的广东，长三角则是本土资本聚集的地区，这些活跃在浙江和江苏乡镇或村的企业之间具有很强的家族性联系①，并具有三个特点。第一个特点是经济的"块状结构"，生产同一种产品的众多企业常常聚集在同一个村或者镇，不同的村或镇规模化生产不同的产品（新望，2003）。第二个特点是企业与地方政府的紧密关系，形成了地方法团主义（Oi，1992）。许多企业主动，建立党支部和工会，发展党员和工会会员。第三个特点是长三角行业协会众多。由于乡镇企业过于弱小，也为了避免相互之前的恶性竞争，同时为了保护地区品牌信誉，江浙地区一直是民间行业协会最繁荣的土壤（Zhang，2007）。随着区域内劳动力市场工人流动率的高涨、雇主之间争抢技术工人以及不断爆发的劳资冲突，行业协会不可避免地介入劳动关系之中。

这个地区出现了一种与行业组织密切相关的集体协商类型——行业工资集体协商。行业工资集体协商是行业协会与行业工会进行集体谈判，行业工会吸纳了来自生产一线的职工代表，协商过程会有一定程度争论和讨论，协商结果实现了区域内工价的统一以及工人工资的小幅增长。2008 年，温家宝总理对浙江温岭羊毛衫行业的工资集体协商做出专门的批示，并要求全国推广。② 此后，这种集中化的集体谈判形式得到了快速的发展。有一个有意思的现象，中国工会体制是以地区划分的，而不是行业划分的。为了避免工会跨地区的横向联合，中国的产业工会也一直处于不断萎缩的态势（乔建，2008）。然而，

---

① 长三角是中国最重要的经济区域之一，涵盖浙江、江苏等省份，是中国民营经济最发达的地区。

② 2007 年 11 月 26 日，温家宝总理在新华社记者采写的关于温岭羊毛衫行业工资集体协商的内参上做出批示："温岭的做法可以总结推广。"2008 年 3 月 10 日，浙江省委、省政府在温岭市召开现场会，在全省推广工资集体协商经验。随后，全国总工会也在温岭召开全国工会工作会议，在全国推广行业集体协商经验。

这个原则似乎正在被江浙地区的行业工资集体协商打破，因为这种集体协商需要成立行业工会，改变了工会的组织形式。但政府似乎并没有担心，反而支持了行业工会在这些地区的发展，全总甚至在 2008 年在浙江杭州召开专门会议，鼓励大力推广行业性和区域性集体协商。[①]与国有企业对待工会的漠视以及外资企业对待工会的敌视不同，江浙民营企业对行业工会呈现了一种热情。如同积极建立党支部一样，行业协会纷纷主导建立行业工会，并力推行业工资集体协商，这种具有一定程度工人代表性的工资集体协商也确实帮助雇主们制约了相互竞价的过度竞争，规范了劳动力市场秩序，稳定了工人队伍以及地区劳动关系。

"雇主发动的集体协商"也普遍存在于西方的劳动关系历史中。由于西方的集体谈判主要在地方工会和雇主组织之间进行，雇主们很快就发现了集体谈判的好处，工会每年只提出一次工资方面的要求，这样就避免了因工会采取"蛙跳式"（leap-frogging）工资增长策略而给雇主们带来的麻烦[②]（李琪，2008）。而对于具体的集体谈判程序，集体谈判追求稳定性、可预见性和一致性，而这些正是雇主有效控制生产的先决条件，同时正式的谈判和争议程序则化解了工人的敌意，使他们无法动员起来，其方式是增加了一个"和平的义务"，这种义务把主动权留给了管理方（Herding，1972）。实际上，中国的许多企业雇主由于先天的民主意识、企业成长成熟的管理要求以及母国的劳动关系传统往往成为集体协商的实际发起者。[③]

---

① 孙春兰：《大力开展行业性、区域性工资集体协商》，http://www.gov.cn/jrzg/2008－04/11/content_942119.htm
② 在西方国家工业革命早期，雇主们成立自己的组织的目的主要有三个：应对迅速发展起来的工会组织；规范市场，特别是那些竞争激烈的国内产品市场；联合起来应对政府介入产业关系之后对雇主们提出的一些强制性规则（Bean，1994）。
③ 1991 年 9 月，大连日资企业佳能办公设备有限公司在确定工资时，由于管理方与工会各持己见，日方提出与工会进行工资集体谈判。随后劳资双方各自出 5 人代表组成劳资协议会，进行集体谈判，并达成协议，使问题最终得到圆满解决。

三 工人发起的集体协商（企业直选工会）

中国工人运动的形势让工会发挥作用迫在眉睫。一方面，越来越多的罢工工人要求重整工会。2007年广东深圳盐田国际的罢工工人首次提出"重整工会"的诉求，如今这一诉求越来越多地出现在罢工工人的口号中，工人们已经意识到建立自己的工会对于保护自身权益的重要性。另一方面，工人无组织化状态对政府治理构成了重大威胁。由于没有制度化的利益诉求和劳资协商平台，政府内部始终无法建立对劳动关系的源头治理机制，罢工越来越频繁且没有征兆，而"一盘散沙"的群体状态使政府解决罢工的难度也越来越大。此外，相当部分的规模性生产企业，尤其是日资企业，开始希望工人能进行自组织，积极建立沟通平台，形成团体交涉的规则，从而维持稳定的生产秩序，减少罢工带来的损失。因此，地方政府和企业都有意愿构建一种能够解决问题的劳动关系处理机制。

在这种背景下，珠三角区域内出现了越来越多的企业工会直选。不同于以往形式化或雇主化的工会，这种方式是鼓励工人们民主选举能够代表自己的企业工会。2012年，时任广东省委书记的汪洋专门考察深圳理光公司。由于实现了企业工会直选，理光公司工会在维护工人权益的同时，成功地帮助企业减少劳动争议和降低工人流失率，这种能够稳定企业劳动关系的工会机制受到汪洋的大加赞赏，认为理光工会形成的良好的工人自治能力完全是因为工会是民主选举产生的，不但恢复了工会的本来面目，还呼应了广东的社会组织改革。他用"自己争来的幸福才觉得是真幸福"的话来鼓励工人直接选举企业工会，并要求广东省推广理光经验。随后，深圳宣布启动163家到期换届的企业工会直选。2014年，广东省总工会宣布计划用5年时间实现全省企业工会普通民主选举产生。[①] 事实上，不仅在广东，江苏、浙江、山东等地也一直都有工会直选的企业。[②]

由于解决了集体协商前提中最重要的工会代表性问题，这种类型的集体协商也最为接近集体谈判的原型。首先，工人高度参与到集体协商的过程之中，协商过程充满了各种博弈、争吵和休会，劳资双方据理力争，呈现难得一见的谈判过程；其次，与走过场的协商过程不同，工人发动的集体协商很少有一轮就能通过的，几乎都要经过很多轮的回合才能最终艰难签订集体合同；最后，集体协商的结果大多实现了工人工资较大幅度的增长，尤其是与要求最低工资标准的涨幅相比，并开始与企业经营绩效挂钩。当然，这种形式的集体协商依然遵循着政治标准，政府控制着工人选举的过程，避免激进分子的涉入。而当谈判双方僵持不下时，政府往往扮演调解和仲裁的角色，促成谈判结果的达成。"工人发动的集体谈判"在珠三角外资企业聚集的工业园区更加普遍，这不仅是因为这些外资企业有足够的经济能力来承载工人工资的上涨，同时这里的外资企业与地方政府保持了一定的距离，地方政府在这些外国老板面前，也常常有保护中国人的意识和责任，同时这里的工人具有更多的结社经验和更久的斗争传统，当然也与活跃的劳工 NGO 群体有关（Chan & Hui，2012）。

本书的主体内容分为三个部分。

第一部分对中国集体协商制度的建立和发展做了一个脉络梳理。为了减缓市场化改革带来的劳资动荡，中国也学习并引进了市场经济

[①]　广东省总工会宣布计划时，也统计当时全省实行直接选举工会主席的企业大约有 5000 家，占全省基层工会委员会的 2%。参见伊晓霞《5 年内全省企业工会普遍民主选举产生》，《南方都市报》，2014 年 7 月 3 日。

[②]　这些地区较具规模的是浙江余杭地区工会直选，该地区工会 1999 年时在一家汽车运输公司开展了工会主席直选试点，取得了不错的效果，随即在整个区域进行推广。该地区当年有近一半的企业实现了工会直选。

国家普遍实行的集体谈判制度，但由于政治经济基础不同，尤其是国家和工会体制不同，集体谈判制度被改造为具有中国特色的集体协商制度，并自上而下被推动，但效果并不理想，带来了集体协商形式化的困境。然而，转型期中国劳动关系发生了持续且深刻的变化，一方面，集体协商环境面临劳动力市场供求关系逆转、扩大内需的政策要求、产业转型升级、雇主组织发育等多重因素的影响，另一方面，工人的集体意识、集体行动能力以及集体组织都得到加大增强，出现了越来越多的由罢工推动的集体谈判，进而迎来了中国集体协商制度的新发展。集体协商在呈现更多的类型化模式的同时，集体协商的代表性也得到了增强。与此同时，全国总工会的作用发生了显著变化，不断推动劳动立法，积极干预企业劳动关系，企业面临的劳动关系制度密度（institutional density）日渐增加。

第二部分对中国集体协商的类型进行了案例考察。在政府发动的集体协商类型中，以 S 市工会推动的集体协商工作为具体案例，全面分析了地方工会如何借用行政权力推行集体协商，以及分析这种集体协商在自上而下考核指标分解过程中形成的诸多困境。在雇主发动的集体协商类型中，以浙江温岭羊毛衫行业工资集体协商为具体案例，全面分析了集体协商所依托的行业组织的经济社会背景以及运作机制，着重分析了行业协会主动发起集体协商的深层次原因以及行业协会与行业工会进行互动的具体过程。在工人发动的集体协商类型中，以广东省四家企业直选工会为具体案例，全面分析了这类最接近于集体谈判原型的具体劳资博弈过程，总结了这类集体协商进一步发展所面临的企业工会组织建设以及劳动关系协调机制所面临的问题。通过对三种类型的集体协商案例进行考察，可以比较系统地勾勒出转型期中国集体协商的现状和面貌。

第三部分提出了完善中国集体协商制度的若干建议。首先，我国的集体协商制度应当由政府主导型集体协商、行会主导型集体协商、工会主导型集体协商三种类型组成。政府主导型集体协商具有低标准和高强制性的特点，作为监督现有劳动法律的行政手段；行会主导型集体协商建立在雇主组织和行业工会建设的基础上，在中小企业聚集的产业集群地区推广；工会主导型集体协商作为制度建构的重点，尤其突出在具有一定规模的企业进行企业工会代表性建设，形成具有谈判过程并实现工人工资制度性增长的集体协商类型。关于集体协商的调解手段是集体协商制度建构的难点，然而国内关于罢工权的讨论存在诸多误区，罢工权总被认为是个人权利，而不是组织权利，或者总是把其作为孤立的权利来考虑，可以脱离工人集体组织的依托，集体协商的调解手段必须寻找新的思路和路径。本书提出了"企业集体协商—上级工会调解—劳动法庭强制仲裁"的制度设想，企业工会进行具有足够代表性的集体协商是根本基础，上级工会调解作为补充，劳动法庭强制仲裁是最后手段。

第二章
中国集体协商的发展

　　集体协商制度在中国具有很长的历史。新中国成立前，苏维埃地区工厂中就已经普遍实行了集体谈判政策。[①] 20 世纪 50 年代，随着社会主义改造运动的兴起以及私营企业的公有化，集体合同制度逐渐被废除。直到改革开放确定建立市场经济体制后，集体协商制度才再次成为政府政策关注。在 1992 年的《工会法》和 1994 年的《劳动法》中，集体协商和集体合同制度得到法律确认，工会被赋予与企业雇主进行集体协商的权利。《劳动法》第三十三条规定："企业职工一方与企业可以就劳动报酬、工作时间、休息休假、劳动安全卫生、保险福利等事项，签订集体合同。集体合同草案应当提交职工代表大会或者全体职工讨论通过。集体合同由工会代表职工与企业签订；没有建立工会的企业，由职工推举的代表与企业签订。"[②]

　　中华全国总工会是集体协商制度最重要的主导者和推动者，除了集体协商制度拥有维护国家稳定的政治性考量外，也有其为了摆脱市

---

①　1931 年，中共苏区通过《中华苏维埃共和国劳动法》。直至新中国成立前，还有诸如《陕甘宁边区战时工厂集体合同暂行条例》（1942）、《关于中国职工运动当前任务的决议》（1948）、《关于颁布旅大地区工会与企业工厂签订集体合同基本要点的命令》（1949）等一系列法律出台（张喜亮，2005）。

②　《中华人民共和国劳动法》，法律出版社，2014。

场化困境突出自身地位和角色的深层意图。以国有企业改革为核心内容的市场化进程给传统的工会制度和基础造成了巨大的冲击，随着大批国有企业的消失，工人从过去单位制的"集体固定"被迫走向劳动力市场的"个体流动"，以往工会在国有企业的群众基础受到直接削弱。同时，市场化初期的"厂长负责制"也带来企业权力架构的全面变化，党和国家退出企业具体的经营过程，管理者权威主义全面兴起并完全控制工作劳动场所，以往工会作为约束企业行政的平衡结构被打破。[①] 此外，城市劳动力就业制度被改革，过去高度集中、统包统配、能进不能出的固定工制度被废除，劳动力配置城乡封闭的模式被根本突破，大量农村剩余劳动力进城流动并进入非公领域，工人权益受损事件大量爆发并引发社会同情和关注，同时引发对工会的批评和质疑。而地方政府对于经济发展的重视也对工会造成结构性阻碍，而地方工会往往也只能服从地方党政目标。

为了应对不断弱势的工人群体以及不断下降的社会政治地位，全总有必要重新调整自身的职能和角色，以适应市场经济的要求，而集体合同制度无疑为全总的转型提供了机会。通过这种制度，工会不仅可以形成除劳动法以外的第二道工人保护机制，更重要的是可以取得与企业管理层相等的地位，通过稳定劳动关系来提升自身在企业和社会的影响力。值得一提的是，全总最开始使用的是"平等协商"的提法，"平等"一词就是为了突出工会意欲与企业行政分享权力、要求更多的民主参与的主张。1994 年 12 月，时任全国总工会主席的尉健行把"平等协商"和签订集体合同作为牵动工会整体工作的"牛鼻

---

① 1984 年 12 月十二届三中全会通过的《中共中央关于经济体制改革的决定》改变了过去的"党委领导下的厂长负责制"。而转变成"厂长负责制"。1988 年国务院颁布的《企业法》以法律的形式明确了厂长负责制（第七条），其中第 45 条规定："厂长是企业的法定代表人。厂长在企业中处于中心地位，对企业的物质文明建设和精神文明建设负有全面责任"，党委权力和地位显然处于从属地位。

子",并制订了系统的目标和计划,随后,大规模集体合同运动在全国展开。当然,出于政治性考量,中国的集体协商制度从设计之初与西方集体谈判制度就有着众多差别,这也决定了其在市场经济条件下的实践具有了一定先天不足的缺陷,并形成了一系列困境。这些困境伴随着中国的市场化进程,形成了劳动关系各主体力图摆脱困境的各种探索,并悄然地改变了中国集体协商的发展。

一 从"集体谈判"到"集体协商"

作为市场经济国家劳动关系制度的核心,集体谈判制度不仅稳定了劳动者的工资福利水平,也确立了一种劳资双方的议事规则,通过这种规则的运用,双方相互让步和妥协,并签订具有约束力的协议,从而大大降低产业冲突的风险,直接稳定了企业劳动关系。因此,从政府治理的角度看,集体谈判制度也是一种社会程序,用一种有秩序方式不断将分歧转变成一致,它创造了解决劳工问题以及产业冲突的一种可靠手段,是劳资冲突制度化的"伟大社会发明"(Dubin,1954)。这对于正在不断进行市场化改革并严重担忧社会稳定问题的中国政府而言,无疑是非常有借鉴意义的。就劳动关系而言,市场化改革是劳资利益关系不断调整的过程,它打破了原有计划经济时期的社会利益格局,打破了劳资利益一体化和平均化的状况;它给劳动者普遍带来利益的同时,也造成了劳资之间的利益差距;它在满足劳动者利益愿望的同时,又激发了其更大的利益期望并形成了利益冲突。因此,创建一套解决劳资利益分歧的制度化规则体系,避免劳资关系动荡对于社会秩序的破坏,顺理成章地成为中国建立集体谈判制度的宏观背景。从1992年《工会法》的颁布开始,政府制定了一系列有关集体合同制度的法律和法规,不断强化集体合同的地位和作用,以期形成劳资双方沟通、理解和形成共识的制度（常凯，2004）。①

　　然而，中国对于西方集体谈判制度的引进并不是全盘照搬的。国际通用的表述是集体谈判，而中国现行劳动法律法规和相关政策则使用的是集体协商（collective consultation）。"集体协商"与"集体谈判"不仅仅是字面意义的差别，其背后是中国与西方在政治环境、经济环境以及社会环境的不同。国际劳工组织集体谈判专家温德德姆曾专门对两个概念进行了研究，并认为谈判是一个决策的过程，而协商只是一个咨询过程，强调在劳动关系中形成一种合作关系。谈判的成果取决于双方力量的平衡，而协商的成果则由管理者做出（温德姆勒，1994）。显然，温德德姆的分析并没有注意到中西方制度最本质的差别，只是聚焦与"协商"和"谈判"的角色差异，而没有意识到"集体"的差异性才是中西方制度差别的关键，中国的"集体"有着完全不同的意识形态和权力结构。

1. 国家的角色

　　总体而言，西方国家在集体谈判等劳动关系体系中扮演着一种超然的角色，基本秉持劳资自治的原则，国家所做的是为集体谈判制度建立一个法律的框架，而集体谈判的具体过程则留给劳资双方自己决定。而中国的情况不同，国家在劳动关系事务中是一种"国家主导"的角色，无论工人还是雇主，二者都必须服从国家的直接指导，这与中国的市场化改革是在国家主导下进行的背景息息相关。30年的市场化改革虽然极大改变了中国的社会结构，但国家的政治体制类型以及控制社会的能力并未改变。国家不仅延续了列宁主义的传统和机制、

---

①　这些法律制度包括：《劳动法》（1994）、《工会法》（2001）、《工资集体协商试行办法》（2000）、《集体合同规定》（2001）和《劳动合同法》（2007）等。

社会主义的制度和意识形态遗产，而且建立了适合市场经济的制度安排（陈峰，2009）。一方面，市场化改革让中国面临严峻的"劳工问题"，大量下岗工人以及农民工群体的集聚，决定了国家必须认真对待这个最有可能凝聚力量、采用集体行动的手段来表达诉求和追求利益的社会群体；另一方面，随着单位制的解体、国有企业的大量减少以及新经济部门的崛起和迅速扩张，国家面临经济转型的形势下如何保持社会政治稳定的挑战。为了填补从企业抽离出来的政治真空，也为了对劳动力市场的工资状况进行宏观调控和规范，国家引入了包括最低工资、集体协商在内的一系列劳动关系制度（Warner & Sek-Hong，1999）。

具体到中国的集体协商制度本身，首先，即便颁布各种法律并以法律条款的形式确立了集体合同的地位，但中国的集体协商工作主要还是由全国总工会、人力资源和社会保障部等机构组成的"三方会议"在国家层面上对集体协商工作进行战略部署，并下达考核指标，层层分解，采取"运动"的方式在全国铺开集体协商工作。其次，与国外集体谈判放在行业或产业层面不同，中国的集体协商大多在企业层面展开。即便在《劳动合同法》中有了行业性集体合同的提法，却明确加以区域和行业的限定，一个限定为"县级以下区域"，另一个限定为"建筑业、采矿业、餐饮服务业等行业"。最后，集体合同的管理方式也是高度行政化和自上而下的。企业行政与企业工会签订的集体合同是需要经过劳动行政部门的审查才可以生效的，不仅如此，集体合同导致的争议处理也同样置于劳动行政部门的控制之下，由其最后"协调处理"劳资双方发生的争议。[①]

---

① 在 2004 年颁布的《集体合同规定中》，专门用了一章（第四十二条至第四十八条）来详细规定劳动保障行政部门在集体合同上的严格和细致的审查程序。

2. 工会的双重角色

在西方的集体谈判制度中，工会的立场是比较单一和明确的，即代表和维护工人的利益。而在中国，工会的角色却具有一种"二元属性"（classic dualism），一方面需要代表国家的集体利益，自上而下传达指令，组织和动员生产；另一方面也需要代表工人利益，自下而上汇集工人诉求，保障工人的权利和利益。具体到工会的职能则表现为"生产建设"职能和"维护"职能，即"动员和组织职工积极参加建设和改革，完成经济和社会发展任务"和"维护职工的合法利益和民主权利"。工会肩负的两种职能意味着工会的双重立场，站在党的角度，工会既要有工人立场也要有党的立场；而站在企业的角度，工会维护工人利益的同时也要维护企业利益。工会的这种二元属性是在计划经济时期形成的，这个国家、企业、工人利益一体化的时期，工会的维护职能并不是很明显，工人阶级确实是当家做主，工会的代表功能已经被"家长主义"的国家充分吸纳，工人利益通过"单位制"得到充分保障（Chen，2000）。因此，工会的作用主要体现在帮助国家动员工人生产劳动，同时关心职工生活，提高职工素质，形成一种以生产为中心的工作模式（冯同庆，2011）。

中国从计划经济向市场经济的巨大转轨，其特征在于国家、企业和工人利益不断分化并形成相互之间的冲突（常凯，2005）。其中的关键在于国家不再扮演社会主义大家长的保护角色，工人的全面福利保障时代随之结束，与此同时，国家也退出了企业经营空间，向企业管理者"放权让利"，经理权威主义全面兴起，不但绝对控制工作场所，还形成了与工人群体不同的利益，并在客观上形成"资强劳弱"的格局。当国家事实上不仅仅考虑工人利益，需要照顾和平衡更多阶层和群体利益时；当企业开始通过雇佣劳动的方式进行市场竞争和利润获取时，"维护"职能和"建设"职能就呈现了一种内在的结构性紧张，工会"二元属性"所带来的日益凸显的矛盾与冲突变得不可避免。工会如今面临的最大困惑在于，在不断爆发工人群体性事件的背景下，到底应该代表工人来维权，还是代表政府或企业来做工人的工作。在市场化产生的利益分化面前，应该代表谁？在这种困惑中，实际却经常发生自上而下的指令传达压制自下而上的工人利益表达的情况，并逐渐形成工会对于国家和企业的双重依附：上级工会机关被更深地整合进正式的国家架构，企业工会被整合到管理层或党组织。上级工会主席大多兼任同级党政副职，工会机关干部全部进入公务员队伍，工会成为有级别的行政机构。而与此同时，基层工会则完全置于企业管理方的控制之中，与企业形成经济依附关系，缺乏独立性，工会主席也大多都是管理层兼任（Chen，2009）。

3. 国企改革与经济发展主义

在国家劳动关系制度的形成过程中，与西方工业国家私营经济占主导地位不同，中国的国有企业具有非常重要的影响力和地位，中国的市场化也是先从国有企业改革开始的。国家认为，过去以单位制为核心的终身就业制以及预算软约束导致了国有企业的大量冗员以及由此产生的沉重福利包袱，这严重影响了国有企业的经营效率和市场竞争力，而解决国企问题的核心在于赋予企业管理者完全的权力。于是，"对企业的物质文明建设和精神文明建设负有全面责任"的厂长负责制得以全面推行。一方面，党的权力从企业微观经营中全面退出，在计划经济时期，企业管理者并没有完全的权力，企业党委才是企业最终的决策者。而如今，厂长接替企业党委在企业管理中居于最高位置，并在企业生产的各个方面接替了党的权力，从党委领导下的厂长负责制转变为完全的厂长负责制。另一方面，工会制衡企业行政的局面被打破，中央下发《职工代表大会条例》（1987），职工代表大会的性质由"企业管理的权力机构"调整为"职工行使民主管理权力的机构"，同时，取消了职代会的常设机构，从而成为工会工作的一项职能（陈骥，1999）。不仅如此，从劳动合同制，"优化组合"，三项制度改革，一直到"下岗"，国家也在不断推动国企工人走向市场，减少对企业的依附。总之，国家力图解除对企业管理者的制约，使其有完全的经济和权力的自主性。

因此，在特定历史时期，工会以及保护工人的要求总会被认为是与国家市场化改革方向相悖。工会本身常常成为重组的目标，工会部门常常被裁撤，工会干部大批下岗，企业认为他们"不创造经济价值"。更常见的情况是工会常常被合并到企业的综合办公室，或者与党委工作部合并，总之不再是独立的部门和机构。[①] 不仅如此，颁布旨在保护工人的劳动法律则更显周折。在历经 1983 年和 1991 年两次失败后，等待了 15 年之久的《劳动法》终于在 1994 年获得通过。劳动法的制定过程是"全国总工会和负责经济事务的国务院部门之间产生了激励争论的过程"（Chan，1993）。而在《劳动法》起草过程中，集体合同制度又是引起争议的主要问题之一。虽然全国总工会一直强烈主张集体合同制度，但工会的立场受到了那些主张扩大企业管理层自主权者的抵制，后者担心集体合同制度将会对那些刚刚从企业改革中得到自主权的厂长经理们造成严重的制约，连《劳动法》的主要推动者劳动部也对集体合同持保留态度（岳经伦，2007）。[②] 虽然，在全

---

① 1997 年在一项对于宁夏工会的调查中，有 56.2% 的企业把工会与其他办公室合并或者撤销。参见《宁夏产业工会受削弱》，《工人日报》1997 年 3 月 24 日；《警惕：工会干部队伍在萎缩》，《报刊文摘》1997 年 4 月 14 日。

② 1994 年初，国务院审议《劳动法》草案时，有关集体合同制度的设立还是有不同意见，虽然国务院后来并没有否定集体合同制度，但当时的共识是，集体合同制度只是试验性质的，而且主要限制在非国有企业。

总的努力下，集体合同制度最终还是被写进了劳动法律，但国家有关部门尤其是一些要发展经济的地方政府对集体合同的认识显然是消极的。

4. 压力手段的缺失

在西方的劳动关系体制中，集体谈判权与组织工会权、争议罢工权是一个整体的工业公民权系统，即所谓的"劳工三权"。在这个系统中，集体谈判和罢工的关系是非常重要的核心。罢工是劳动者为了改善工作条件，签订集体协议，为使谈判产生一定压力而实施的有计划、有组织的集体暂停工作的行为。工会在集体谈判的过程中，如果没有罢工权，也就意味着雇主可以根本不理会工会的要求，而工会拥有了罢工权，也就确保了工人通过罢工给雇主造成损失的能力，雇主也就必须认真对待工会的集体谈判诉求。因此，罢工是作为集体谈判一种压力手段而使用的，是工会在集体谈判中威胁对方的手段和解决争端的最后武器。当然，罢工对于工会既是一种手段，也是一种成本，一旦发生罢工，工会需要承担罢工期间工人维持生活的费用，罢工时间越长，这种成本越大。因此，罢工并不是随便使用的，更多的是作为最后的震慑手段。劳资双方在谈判中陷入某种僵局，双方都不愿意妥协，但迫于谈判破裂引发罢工的压力，双方则又会重新考虑各自的让步底线，在罢工前或罢工过程中最终达成一致。

而对于中国而言，虽然新中国成立后"罢工自由"一度写入了宪法之中，但在1982年的宪法修改中又被取消了。而对于中国取消罢工权的原因，在宪法修改第三次全体会议上，秘书长胡乔木做了如下解释："首先，罢工是资本主义国家工人对付资本家、反抗压迫的手段，社会主义国家工人不应该有罢工；其次，罢工不仅影响生产，还会影响社会秩序，安定团结，对"四化"建设不利；最后，资本主义国家也不是随便可以罢工的；对付官僚主义可用其他手段，而不必采取罢工的方法。"胡乔木强调，由于工人和国家的利益是一致的，罢工不符合全体人民的利益，所以，罢工自由的规定不予保留（胡乔木，1982）。虽然学界一度有过"国家虽然不负有保护罢工的义务，但不意味着罢工违法"方面的争论（葛少英，1996），但无论如何工会是不可能领导罢工的，工会一方并没有支撑集体谈判的强制手段，所以双方的集体合同只能通过"商谈"的方式取得。把集体协商定位为劳资双方进行"商谈"的行为，应当遵循平等、合作的原则，并要求"任何一方不得有过激行为"。① 集体谈判是作为一种冲突治理机制，承认双方的利益冲突和各自的强制手段，而集体协商则是一种合作参与机制，强调双方的利益一致和劳资和谐。

二　中国集体协商制度的发端以及成效

具有鲜明政治色彩的全国总工会，虽然其对集体合同制度的设计是谨慎的，但对于集体合同的作用是乐观的。1994年12月，全总十二届二次执委会审议通过《关于贯彻实施〈劳动法〉的决定》，提出工会代表职工与企业签订集体合同是一个"牵动全局"的工作，工会抓住集体合同这个重点，就如同抓住了贯彻《劳动法》这个系统工程的"总枢纽、总开关"。从全总的角度看，集体合同不仅能维护工人权益，而且可以全面带动工会工作的自身建设。（1）集体合同的签订，必须由工会作为劳方的代表与雇主进行谈判和签约。这就从根本上要求推进建会工作的开展，没有建立工会的企业要加速建立工会组织。（2）集体合同草案需要提请全体职工或职工代表大会讨论通过，

---

① 劳动部：《集体合同规定》，1994年12月5日。

这从制度上要求必须把工会工作和职代会联系起来，要使职工明白，召开职代会是与其切身利益息息相关的。（3）工会干部要加强理论知识学习，提高个人素质。因为集体合同作为集体谈判的结果，涉及生产经营管理的诸多方面，工会干部只有在掌握必要的经济、法律、管理知识，了解企业生产经营状况的前提下，才能更好地代表职工与企业进行集体谈判并签订集体合同。

1995 年全总执委会上，签订集体合同成为工会工作的头号任务，并自上而下地发起了签订集体合同运动。全总要求在外商投资企业和现代企业制度试点企业以及部分条件较好的国有企业先行推开，并且下发了"签订集体合同的外资企业的比例不低于 30% "的指标任务。[①]1996 年 1 月，全总特别成立了集体合同部，用来领导集体协商和集体合同工作的具体开展。然而，运动开始就不顺利，工会起初推行集体合同并没有借助政府的力量，而只是在工会系统内部动员，然而企业并不愿意和工会签集体合同，拒绝来自工会的"商谈"，而工会却没有任何的强制措施，集体合同的进展非常缓慢，无奈之下，工会只能求助党和政府（Clarke et al, 2004）。1996 年 5 月，劳动部、全国总工会、国家经贸委、中国企业家协会联合下发《关于逐步实行集体协商和集体合同制度的通知》，要求四个机构的下属分支在地方党委和政府的统一领导下，共同推进集体合同制度建设。但是，外商投资企业似乎还是坚冰一块。全总报告显示，1996 年，在已建立工会组织的外资企业中，仅有不到 10% 的企业签订了集体合同，而那些没有建立工会组织的外企企业几乎没有签订过集体合同，显然，这远没有达到全总的要求。面对外资企业的强大阻力，集体合同运动也在悄然发生变

---

① 全国总工会：《关于在建立集体协商和集体合同制度中做好工会工作的意见》，1995 年 2 月 8 日。

化。首先，工会干部纷纷把工作重心放在了国有企业，由于国有企业的工会组织体系完备，工会有较大的影响力，工作也更好做，因此国有企业实际成为集体合同签订的主力，其签订合同的数量占全国完成集体合同数量的绝大部分。其次，完成集体合同签订任务为工会干部带来巨大压力，而这种自上而下的行政动员直接导致了集体合同功能的异化，它展现了与西方集体谈判完全不同的过程和效果，一般包括以下内容。

（1）集体协商往往来自政府或上级工会的自上而下的要求。这种要求并不是发端于工人，上级工会会给企业工会下达指示，要求企业进行集体协商，并一定要签订集体合同，上级工会的干部甚至会带着标准的集体合同文本来找企业签字。

（2）企业的集体协商基本上是走形式。相关的法律规定中，企业的集体协商应该专门召开协商会议，人数相同的工会代表与管理方代表就集体协商草案进行协商或谈判。然而，实际的情况常常是工会干部与管理方之间几乎没有真正的协商或谈判的过程，管理方完全主导集体合同的内容和签订，工会对管理方的意见言听计从，或者顶多在一些无关紧要的条款中提出修改意见。在一些企业的集体协商中，管理方甚至根本不与工会会面，只是在工会呈上的集体合同草案上签署同意而已（Chen，2007）。

（3）在集体协商的过程中，工会会员很少参与过这个涉及自身利益的工作，甚至几乎很少人知道企业进行了集体协商，也很少有工会干部来征求工人的意见。由于集体合同常常需要通过职工代表大会通过，在那个时候，工人们才知道集体协商的事情（Chen，2007）。

（4）在具体的集体合同条款中，几乎很少有反映本企业工人共同关心的工资福利以及劳动条件的条款，而是照抄现有的法律条文规定，甚至许多企业的集体合同把地区最低工资标准也写入集体合同中。众多企业的集体合同内容雷同，甚至相互抄袭，并普遍存在"三多三少"现象，即：原则性条款多，具体规定少；抄法律条文的多，结合企业实际的少；虚的多，实的少（程延园，2004）。

（5）按照规定，企业签订集体合同后，还需要报当地劳动部门审查备案才能生效。然而，却鲜有劳动部门对于上交的集体合同有过不合格的意见，几乎只是走个程序而已。全国也很少有过关于集体合同的劳动争议。

虽然，中国的集体协商制度具有雄心勃勃的行动目标，却普遍存在走形式的问题，无法发挥设想的稳定劳动关系的效果，这引起了社会各界的广泛批评。国际劳工组织认为中国的集体协商只是在标准合同本文上签字盖章的仪式而已，不是一个真正的谈判过程，更没有工人的广泛参与。就连全国总工会也承认推行的集体协商制度存在建制率低、质量不高、作用不大等问题。即便在推行多年集体协商工作的经济发达地区，集体协商的效果也让人担忧。2012年，一项对珠三角地区工会组织的问卷调查中，在建立工会组织的单位是否签订了集体合同的问题上，对职工与工会主席的调查结果大相径庭。数据显示，前者中有36.9%的比例选择"已签订集体合同"，25.7%选择"未签订集体合同"，37.4%选择"不知道是否签订了集体合同"。而工会主席中选择"签订集体合同"的比例为59.3%（王同信等，2013）。这些数据说明集体协商形式意义往往大于实质意义，对员工的利益影响不大。

三 转型期中国劳动关系环境的深刻变化

如果看到中国集体协商制度出师不利就简单认为其已经陷入停滞不前的状态则是片面和不客观的。事实上，经过30年的快速市场化进程，集体协商制度制定之初所面临的环境正在发生深刻的转变，这不可避免地影响到了协商制度本身的变化。在工人方面的变化尤为突出，这体现在工人已经从以往的权利诉求普遍转向利益诉求。市场化初期，工人的诉求主要围绕法律标准，属于"依法诉求"，围绕工作条件、工作强度和工作保障等劳动基准，在劳动力无限供给的劳动力市场条件下，最关心的是找到一份工作并准时和足额地领到工资，还没有关注到自身利益与企业发展之间的关系。因此，在这种诉求层次下，劳动合同形成了对集体合同的挤出效应，工人总体呈现个体化和原子化的分布状态，寻求的是国家法律的保护和法定最低工资的增长，而不是形成组织化的能力来平衡劳动关系，集体合同制度尚没有形成大面积发育的土壤。然而随着劳动力市场供求关系的逆转以及新生代农民工的迅速崛起，工人的诉求层次发生了变化，"法外诉求"日益增多，劳动法的边际效应逐渐递减，集体劳动争议开始呈现高发态势，新生代农民工的集体意识、集体行动能力以及集体组织都在发生深刻变化。与此同时，市场化带来了社会空间的发展和壮大，新的利益群体开始表达心声，并不可避免地介入劳动关系的处理中，作为集合多方参与的制度，现在有了更多的需求主体。同时，国家自身也在发生变化，通过劳动力成本优势走上的出口工业化道路面临越来越大的挑战，国家希望推动产业转型，形成新的竞争力，但这需要稳定和高素质的劳动力作为基础，最终需要劳工政策的转向。这些因素既是市场经济逐渐发育成熟过程的客观产物，也是市场越发强大的作用力结果，它推动了市场化劳动关系进一步的发展以及集体化的转型（常凯，2013）。作为成熟市场经济调整劳动关系的一项基本制度，集体合同制度开始有了发育的土壤。

1. 劳动力市场结构性变化

中国劳动关系近年最深刻的变化莫过于劳动力市场供求关系的变

化。一直以来，中国总被认为是劳动力无限供给的国家，农业部门的剩余劳动力会源源不断地补充到非农部门，用以支撑劳动力密集型的出口工业发展模式。然而从 2004 年开始，蔓延整个中国的愈演愈烈的招工难和用工荒现象宣告劳动力市场供给关系发生了逆转，劳动力短缺开始显现。[①] 这个被称为"刘易斯拐点"的变化，意味着资本变得相对充裕，而劳动力变得相对稀缺，这对以往通过比较劳动力成本优势进行工业化扩张的经济发展模式提出严峻挑战，过去促使经济增长的"人口红利"正不断消失，转变经济增长方式不可避免（蔡昉，2007）。从劳动关系的历史看，劳动力短缺常常会推动不同国家进行有关工会组织和集体谈判制度的改革。美国在一战和二战期间，由于战时工业的快速扩张以及大量人口参战，面临劳动力短缺引发的劳资动荡，这两个时期也恰恰是美国颁布劳工立法、鼓励劳资谈判以及工会组织率最高的时期（闻效仪，2009）。即便在东亚，日本、中国台湾地区和韩国先后在 20 世纪 60 年代、70 年代以及 80 年代左右经历了刘易斯拐点后，也纷纷建立了以工资集体协商制度为核心的劳动力市场制度。[②]

　　劳动力市场的短缺同时带来了劳工力量的增强，这不仅体现在工

---

① 我国劳动力的需求供给比例自 2005 年起进入了紧平衡状态，并在 2010 年打破了平衡，该指标突破了 1.0 这一临界数值。这意味着劳动力已经供不应求的局面。此外，从该指标的东中西部区域变化来看，劳动力供不应求的状况已经从东部蔓延到了中西部。2011 年东部和中部区域该指标均已突破 1.0，西部地区也已经接近于 1.0 的临界数值。从这个角度看，劳动力紧缺并不是地区性的问题，而是全国性的普遍现象。（杨静，2012）

② 日本在经历了 20 世纪 60 年代的刘易斯拐点后，1959 年推出最低工资法；1960 年开始推行全覆盖式的社会保障政策；1963 年，日本政府发表《关于产业结构的长期展望》，推出以重化工业为发展方向的产业调整政策；企业逐渐开始实行年功序列制，以防止熟练工人的跳槽，并于 1970 年开始推行职业训练基本计划。台湾在 20 世纪 60 年代末经历了刘易斯拐点后，开始转变经济增长方式；大力推行技术创新政策；推动产业结构升级；加大对外，尤其是对大陆的投资力度；治理通货膨胀；提高人口素质，以质量代替数量。韩国在 20 世纪 80 年代初经历了刘易斯拐点后，提出"稳定、效率、均衡"的发展方针，力求在结构调整中求发展。在 1985 年之后开始逐步推行此前已经进行立法的全民医疗保险、国民年金和最低工资制三项措施，注重社会保障体系的全面建设（孙时联，2010）。

人不断增长的工资上，还体现在诉求层次的变化以及越来越强的集体行动能力上。在过去无限供给的时期，工人们害怕被解雇和失去工作，而刘易斯拐点后，劳动力还是有了选择，并以退出权为后盾，要求改善工资水平和劳动条件。与此同时，随着新生代农民工成为工人队伍的主体，他们完全不同的人口特征和生活经历使他们更难容忍不公平的现象，而且有更强烈的愿望来改善他们的权利，他们的诉求已经不再是简单的"以法维权"，而是出现了更多高于法律标准的利益诉求，包括：提高工资标砖、缩短工作时间、发放加班工资、改善工作条件等。由于善于利用网络和手机而获得了更好的组织性，加之劳动力市场短缺而获取的自信心，他们也更愿意和更容易发动罢工。罢工方式从传统的破坏公共秩序向破坏生产秩序转变，罢工工人不再上街，而是以厂区"集体散步"、"集体喝茶"、"集体休息"的平和方式展现，抗争形态去除了表面的激烈性。他们照常来上班，却出工不出力，或者干脆离开工作车间。过程中没有激烈的对抗，工人们甚至会互相提醒不要和管理层冲撞。这种从容和自信的背后在于工人们已经找到了更有效的斗争手段，这是工人在"紧凑型劳动力市场"（tight labor market）上获得的结构性力量（structural power）。①

2. 扩大内需的经济政策

消费、投资和出口被认为是拉动经济增长的"三驾马车"，但事

---

① 怀特把工人的力量分为"结社力量"（associational power）和"结构力量"（structural power）两个方面。所谓"结社力量"是指工人群体形成自己的组织、通过各种集体行动表达自己诉求的能力；所谓"结构力量"即"工人简单地由其在经济系统中的位置而形成的力量"。"结构力量"由两种"讨价还价能力"组成。一种叫作"市场讨价还价能力"（market bargaining power），包括：第一，工人拥有雇主所需要的稀缺技；第二，较低的失业率，即所谓"紧凑的"劳动力市场（tight labor market）；第三，工人具有脱离劳动力市场、完全依靠非工资收入而生活的能力。另一种叫作"工作现场的讨价还价能力"（workplace bargaining power）。

实上，中国过去 30 年经济发展主要靠出口和投资。这种状态长期压抑了消费水平和工资增长。虽然中国经济实现了 30 年的高速增长，但在 GDP 高歌猛进的同时，劳动报酬占 GDP 的比重却在不断下降，比其高峰期下降了近 20 个百分点，排在大多数国家的后面（张建国，2010）。收入水平严重制约了中国居民消费能力的提高，消费占 GDP 比重一直徘徊在 40%～50%，居民消费率持续下降，呈现经济高增长、居民高储蓄和低消费共存的"消费抑制"局面。2008 年的次贷危机以及 2010 年的欧债危机，导致欧美市场迅速萎缩，中国的出口贸易不断下滑，在内需不足的背景下，国家只能更加依赖投资来保证"稳增长"。当四万亿等一系列经济刺激计划实施后，虽然短时间内稳定了经济，但进一步加剧了投资和消费失衡，带来了严重的资产价格上扬、通货膨胀、国进民退、民营经济萎缩、腐败蔓延等一系列问题，也对中国劳动关系形势产生了全局影响，投资依赖所带来的收入差距过大以及物价高涨使工人不满情绪不断累积，导致劳资冲突处于敏感期和高发期。

首先，对于投资的依赖更加巩固了资本的优势地位，并带来了收入差距的不断扩大。与中国基尼系数的节节攀升一样，企业内部的分配差距也呈现持续扩大的趋势，企业管理者的工资增长远超职工平均工资的增幅。发生南海本田事件的一个重要原因就是收入差距悬殊，日方管理层员工每个月的收入约为 5 万日元，是一线员工的 50 倍。其次，政府的大规模投资造成了市场需求量的大幅增加，导致市场出现供不应求，推动产品价格不断上涨，形成严重的通货膨胀。事实上，2010 年的南海本田事件引发的全国性罢工浪潮与当时政府大规模投资呈密切的正相关关系，它反映了工人群体对于生活必需品价格飞速上涨以及工资购买力不断下降的恐慌和愤怒。显然，国家已经认识到过度依赖投资所潜藏的劳动关系风险，并力图通过扩大内需、增加消费的方式来走出经济危机。实现工资的上涨将有助于提高居民的整体收入并促进消费，也符合国家转变经济增长方式以及消除社会矛盾的目标。2011 年，人力资源与社会保障部就宣布未来五年中国的最低工资标准平均增长率要在 13% 以上。[①] 而当年全国 24 个省份的最低工资标准在年内均有调整，平均增幅达 22%，各地均创下了历年来最低工资增幅的峰值（徐博、赵超，2011）。不仅如此，通过集体协商实现更大程度的工资增长也成为政府更高的目标。党的十七大首次提出"要提高劳动报酬在初次分配中的比重，建立企业职工工资正常增长机制和支付保障机制"。而在决定中国未来改革方向的《中共中央关于全面深化改革若干重大问题的决定》中，也再次强调"努力实现劳动报酬增长和劳动生产率提高同步，提高劳动报酬在初次分配中的比重。健全工资决定和正常增长机制，完善最低工资和工资支付保障制度，完善企业工资集体协商制度"。集体协商和集体合同制度不仅仅是作为一项维护社会稳定的政治手段，它将在国家经济政策以及调整国民收入分配格局中扮演更为重要的作用。

3. 产业转型

中国的经济发展模式主要利用了国家人口规模庞大的优势，以劳动力替代了昂贵的机器设备，不断降低成本，获得了收益，取得经济起飞的成就（林毅夫、任若恩，2007）。中国以便宜、守纪律、非熟练的劳动力为基础，不但聚集了规模庞大的"三来一补"企业群体，而且主要从事利润最单薄的国际产业链低端的生产或加工。这种模式让中国付出了太大的代价：一方面，经济发展付出多，收益低，并大

[①]　人力资源和社会保障部，《人力资源和社会保障事业发展"十二五"规划纲要》（人社部
2011【71】号），2011 年 6 月 2 日。

规模消耗了自身的短缺资源，破坏生态环境；另一方面，产业的低端化也带来人口结构低端化，各种社会问题和社会矛盾蔓延，增加了政府治理难度（梁桂全，2012）。因此，中国正在力推从"中国制造"向"中国创造"转型，提升技术创新能力，进行产业转型升级。其中，广东的"腾笼换鸟"政策已经迈出了实质步伐。广东将低端制造业转移到了广东北部及东西翼地区，从而使珠三角地区劳动密集型企业数量迅速减少。用这样的方法，珠三角为先进制造业及高端服务业腾出了更多空间。实际上，近年来席卷广东省的劳动力短缺以及不断上升的工资压力，也是助推广东产业转型的重要力量。电子、服装等行业的投资者们将眼光转向了东南亚的菲律宾、越南、巴基斯坦、斯里兰卡等国家，而广东则努力引进更多的重工业和高科技投资。①

　　产业转型对劳动关系带来了一种互为因果的影响。一方面，由于利润低薄，劳动密集型产业恰恰是劳资风险最大的产业，转移这些产业可以根本上减缓劳动关系的压力；但另一方面，产业转移必然使不少企业面临着并购重组、外迁转型乃至关闭破产，这又会激发新一轮的劳资动荡。事实上，深圳、东莞等珠三角城市部分劳动密集型企业在搬迁、转型、股权变更过程中，新旧企业变更、企业性质变化、经营生产变动会触发员工集体要求经济补偿金、买断工龄、提高工资福利待遇等，由此引发的重大劳资纠纷事件频繁发生，这也带来了地方党政对于工会通过自身组织建设发挥稳定作用的期待。从长远看，产业转型也必须使劳工政策做出调整，高素质、稳定的劳工群体对于形成新的产业竞争力至关重要，必须形成利于提高劳工稳定性和责任

---

① 联合国贸发会议发布的《2012年世界投资报告》显示，2011年流入东南亚的外国直接投资达到1170亿美元，同比增长26%，而中国的这一同期增长率不到8%。2000年，中国生产全世界40%的耐克鞋，全球第一；而如今，越南取代中国成为世界最大耐克鞋生产国。参见商务部网站《2012年世界投资报告解读》。

感、促进劳动生产率提高以及企业人力资本投资的制度设计，而这就必须改变以前排斥为主的劳工政策，转向合作型劳工政策，把工人同企业，同工业的控制结构结合起来，以达到更充分的在经济上调动工人积极性的目的，而工会组织以及集体合同制度的作用将至关重要（Deyo，1989）。此外，产业转移会触动了大量企业以及基层政府的利益，而鼓励集体协商机制的深化和扩大可以带来工人工资的上涨，进而通过加大企业用工成本的方式形成一种倒逼机制。富士康跳楼事件和南海本田事件发生后，其具有示范意义的处理结果引发了珠三角区域企业的"补偿性加薪潮"，倒逼了传统产业的转型升级，并随之带来了劳动力密集型企业的迁厂潮。

4. 雇主组织的发育

市场化的不断深入使企业资本形态也发生了深刻变化，一方面，各种层次的雇主类型集中出现在中国的劳动关系舞台，这里既有管理界前沿的"以人为本"的人力资源管理体系，也有大量还处于原始积累的血汗工厂，企业之间对于劳动关系可能有完全不同的理解和需求。另一方面，市场化带来了雇主组织空前的规模化发展。以往中国企业家联合会作为唯一代表雇主利益的传统统合主义结构正在迅速被打破，中国涌现出众多的雇主组织。这其中既有工商联这样的全国性雇主组织（该组织在具有自身独立经费来源的同时，也在不断扩大自己的覆盖面），也有大批的行业协会、外商协会以及私企协会。[①] 尤其

---

① 2013 年，全国共有社会团体 28.9 万个。其中：工商服务业类 31031 个，科技研究类 17399 个，教育类 11753 个，卫生类 9953 个，社会服务类 41777 个，文化类 27115 个，体育类 17869 个，生态环境类 6636 个，法律类 3264 个，宗教类 4801 个，农业及农村发展类 58825 个，职业及从业组织类 19743 个，国际及其他涉外组织类 481 个，其他 38379 个。全国行业协会商会近 7 万个，其中全国性行业协会商会约 800 余个。参见民政部《2013 年社会服务发展统计公告》。

是在江浙等地，由于乡镇企业呈现集群性分布，为了避免相互之前的恶性竞争，同时为了保护地区品牌信誉，这些地区一直是民间行业协会和雇主组织最繁荣的土壤（Zhang，2007）。雇主组织不仅可以稳步地扩大自身政治影响力，在人大、政协以及工商联占有一席之地，积极推动有利于企业利益的政策出台，而且往往能在劳资争端中充当资方代表，维护资方利益。

雇主组织对于劳动关系的影响是多面的。首先，在涉及劳动关系的立法中，政府正面临雇主组织日益强大的阻力。在 2008 年《劳动合同法》的出台过程中，各类雇主组织抱团与全国总工会进行了较量，成功促使了立法风向的转变以及在关键条款上的妥协。而在 2010 年，港商协会则成功阻击了《广东省企业民主管理条例》和《深圳经济特区集体协商条例》的出台，2014 年，《广东省企业集体合同条例》在香港六大商会的强力影响下，经过数次有利于雇主的修改后才勉强通过。① 其次，雇主组织日益成为企业管理者分享信息、理解劳动政策、调整工资策略的平台。在珠三角的许多工业园区中，企业经理们定期开会，确定工资调整方针，以便更好地留住工人、降低劳动市场的竞争，同时互通"捣乱分子"的信息。而在长三角的工业园区中，雇主组织则以人力资源俱乐部的方式出现，俱乐部的活动内容包括就劳动立法和相关劳动问题集体游说当地政府，俱乐部成员内部也相互协商招聘、录用、离职和福利等问题（加拉格尔，2010）。最后，除了维护雇主整体利益外，雇主组织还需要介入内部争端以及由此引发的劳资问题。由于处于全球产业价值链的低端，"小、弱、散、多"的企

---

① 2014 年 4 月 15 日，香港六大商会（香港中华厂商联合会、香港中华总商会、香港工业总会、香港总商会、香港中华出入口商会、香港地产建设商会）分别致函香港特首梁振英及特区政府官员、中联办相关部门官员、中国商务部长高虎城、广东省省长朱小丹和广东省人大常委会主任黄龙云等，反对《广东省企业集体合同条例（草案）》的出台，称港商对《草案》的"不平等内容和所涉及的不公程序"持强烈保留意见。

业经常进行恶性竞争，地区劳资关系日趋紧张，工人流动率高涨，雇主之间争抢技术工人，劳资冲突不断爆发，雇主组织也不可避免地介入劳动关系的处理之中，这也成为中国开始出现行业性工资集体协商的背景。

5. 劳工 NGO 的发展

由于企业工会在劳动关系事务中尚不能有效发挥作用，工人群体的大量维权诉求为劳工 NGO 的产生和发展形成了土壤。自 1998 年珠三角出现第一家劳工 NGO 以来，庞大的"劳工市场"使劳工 NGO 得到了雨后春笋般的发展。这些劳工 NGO 通过提供免费和积极的法律援助，获得了工人群体的信任和支持。这些机构负责人大多都有工伤伤害以及权益受损的经历，拥有想改变农民工现状的抱负，致力于争取工业公民权。他们在提供法律服务的同时，还把业务扩展到培训、工友业余文化、工伤探访和社区宣传等多个方面（Xu，2013）。这些组织基本无法找到挂靠的业务主管单位，出于政治责任的考量，劳工 NGO 找不到接纳他们的组织，于是便采取注册商业公司甚至是不注册的方式来运行，资金也几乎来自境外组织，呈现一种不合法和违规的"半地下"状态。①

这些受境外资金资助的劳工组织的快速发展让地方政府寝食不安，尽管政府竭尽所能地控制和限制劳工 NGO 的发展，但由于无法对工人利益诉求做出快速和具体的回应，因此这依然是一种治标不治本的方式，根本无法对这些机构进行有效的规制。即便常常使出强制手段，这些机构往往会以打游击的方式重新出现。而最让政府担心的是，

---

① 与行业协会的蓬勃发展形成鲜明对比，劳工 NGO 的发展异常艰难。据 2013 年的学者调查，注册的工人社团组织的数量仅为 71 家（王侃，2009）。

一些劳工 NGO 开始高度介入罢工事件之中，它们通过网络以及眼线会很快联系到罢工积极分子，帮助他们组织工人，提供培训，与雇主进行谈判。有的劳工 NGO 走得更远，开始培养工人群体中的工人领袖，以展现更宏大的野心。①劳工 NGO 凭借一起起维权事件的介入，不断扩展自身的组织基础，实现自身的组织化。如今许多劳工 NGO 早已经不在当年提供场地对农民工进行普法宣传的草创阶段，而呈现了具有一定层级结构、以地域划分为基础、以点扩面的组织形态。劳工 NGO 源源不断地为工人群体输入团结意识和团结能力，把分散的农民工组织起来，逐渐改变以往外来工分散和无组织的特点，它们的活动也得到了跨国网络的大力支持（黄岩，2011）。

四　从"集体协商"再到"集体谈判"

以上环境因素的变化促使了集体协商制度的变化，以往政府完全主导集体协商的局面被打破，这其中最重要的原因是中国出现了越来越多的无法控制的罢工（Chan & Pan，2009）。过去，地方政府在处理罢工事件中，出于维稳的要求，往往出动警力，以"扰乱社会治安罪"惩戒事件的组织者和领导者，强制驱散参与者。然而这种维稳手段越来越难以解决问题。其一，工人罢工过程越发理性，不但不会出厂，也不会破坏公共秩序或毁坏财物，找不到任何违法行为；其二，工人群体中没有实际的组织者，或者组织者总是躲在暗处，无从知晓，地方政府无法使用"杀鸡骇猴"的策略；其三，也是最重要的一点，工人群体常常会因为国家暴力机器的出现展现出强烈的愤怒感，并进

---

①　2011 年，在广东恒宝罢工事件中，一家劳工 NGO 组织挑选了两名工人骨干前往香港培训，随后与其他工人进行座谈，分享参加培训的心得，传授如何组织和动员工人的方法和技巧，而该 NGO 领导人也被工人视为"指路明灯"。

而产生激烈的对抗性，从而使事态不断恶化、失控并演化成骚乱。在诸多的罢工案例中，正是警察力量的涉入诱发了事件的升级。事实上，早在 2000 年，公安部就发布了《公安机关处置群体性治安事件规定》，规定对发生在单位内部的罢工事件尚未发生凶杀或者打、砸、抢、烧行为的群体性事件行为，不得动用警力直接处置，不得使用警械和采取强制措施。2008 年，公安部再次强调处置群体性事件要坚持"三个慎用"——慎用警力、慎用武器警械、慎用强制措施（乔健，2009）。

在传统"硬"处理方式不通的情况下，罢工现场越来越多地出现了一种"软"处理方式，即通过对话来解决问题。为平息事件，地方政府鼓励罢工工人选出代表，提出谈判条件，并与企业雇主进行直接谈判，力图满足工人的要求。劳资双方最终会就工资增长以及劳动条件改善等事项达成一致，并签订集体协议，实现工人的复工。这是一种特殊形式的集体谈判，通过体制外的力量，即工人集体行动的方式来改变劳资对话的现状，通过罢工把企业逼上谈判桌，这种类型谈判也被称为"罢工推动的集体谈判"或"事后协商"模式（李春云、段毅，2014；任小平、许晓军，2008）。这种谈判形式一般包括以下内容。

第一，"罢工推动的集体谈判"首先发端于工人的罢工。罢工常常是突然和无序的，雇主常常毫不知情，也大为惊讶，并不由自主地使用开除、扣工资等严厉管理手段，但这不仅促使了事态的迅速扩大，还促成了工人群体共同的不合作态度。罢工期间，事实上企业处于管理失控状态，并带来了生产停滞，造成了企业的严重损失。

第二，发生罢工后，地方政府会迅速介入事件的处理，力求快速解决争端。地方工会或劳动部门往往被要求迅速赶往现场，并主导事件的解决过程。公安部门负责厂外的警戒，防止事态在厂外的扩散①。

第三，地方工会或劳动部门会对现场的罢工工人进行喊话或做工作，组织工人群体选举出工人谈判代表。这是比较困难的环节，工人群体往往害怕打击报复，不敢推选出工人谈判代表，尤其是在大型工厂的罢工事件中，选举能够代表工人群体的谈判代表是非常复杂和艰辛的工作。② 工人谈判代表产生后，将进行工人诉求的收集和整理工作，这同样是一个复杂的过程，由于工人的利益诉求高度分化，谈判代表必须找出能够符合工人群体共同利益的若干诉求，并形成劳方的谈判条件。

第四，在地方工会等部门的主持下，工人代表与企业方代表进行多轮次的谈判，谈判的过程激烈且难以弥合。由于工人的无组织化状态，工人提出的工资增长诉求往往不切实际，且大大超过企业雇主的心理底线。在这种情况下，地方政府一方面需要向雇主施压，迫使其做出实质性的让步，制定一个能够满足大部分工人要求的工资增长方案；另一方面，地方工会等部门也要反复做工人工作，游说工人接受雇主拿出的方案。由于罢工期间工人无法获得即时性收入，随着罢工时间的延长，许多工人开始希望早日复工挣钱，加之"有诚意"的工资增长方案以及地方政府的游说，会促使大部分工人接受谈判条件。在南海本田事件的最后一轮谈判中，工人代表进行了站队式的投票，最后 30 名代表中有 25 名接受了资方方案（刘建华，2011）。

第五，劳资谈判双方会最终签订集体协议，集体协议中需要明确

---

① 在这个过程中，劳工 NGO 也常常会出现在罢工现场，帮助组织工人，但很快就会被地方政府驱赶。

② 地方政府要求所选代表是在员工中有影响力的人，并兼顾不同车间、班组、工种的利益。即使涉及人数众多，用人单位也要动员每位劳动者在选举员工代表的授权委托书上签字。否则，将面临劳动者不认可员工代表身份及其达成协议的被动局面。如果劳动者拒绝推选代表，用人单位则可通过对其进行耐心细致的说服工作、做出不打击报复员工代表的书面承诺等方式消除其顾虑。

几个重点。首先，工人的工资会实现较大幅度的增长，并会涉及福利和加班工资的调整；其次，协议中往往会加入资方不会打击报复工人谈判代表的承诺；最后，工人罢工期间的工资不会受到损失，这是一个非常有意思的事情，绝大部分市场经济国家发生罢工时，工人是拿不到工资的，只能靠工会的罢工津贴作为生活补助，而在中国，企业是需要全额支付工人罢工期间的工资。协议签订后，工人陆续复工，企业生产恢复正常。

"罢工推动的集体谈判"日益成为地方政府处理劳资事件的常见方式，它对于转变传统的劳动关系意识起到了非常重要的推动作用，它让相关方面意识到劳资矛盾不可避免，利益矛盾只能通过协商谈判来解决，而建立一种利益协调机制对于稳定劳动关系至关重要。当然，这种方式是否一种制度化的集体协商模式则需要讨论。首先，它的目的是消解罢工，这使罢工与集体谈判角色发生了逆转，本来罢工作为惩戒性手段，是为了促进集体谈判的进行，而现在集体谈判成为手段，是为了消解罢工。这也决定了集体谈判是应急性的、临时性的，而不是制度化的、长期性的。其次，作为劳方的代表性组织是缺位的，即便选举了工人代表也并没有改变工人群体的无组织化状态。一方面，谈判代表并没有得到工人群体的完全信赖，并总会受到质疑和攻击，被怀疑会出卖工人。在许多案例中，都出现了工人冲击谈判现场或者要求撤换工人代表的情况。另一方面，好不容易谈判的结果也可能反复地被工人否决，形成不了集体协议。最后，虽然雇主应约谈判和妥协的压力巨大，也做出了实质性让步，但这依然是"头痛医头，脚痛医脚"的方式，没有转变为建设可持续的长期劳资沟通机制，劳资风险依然还在不断酝酿。因此，"罢工推动的集体谈判"表面上看是集体谈判，实质上仍然是一盘散沙，工人没有一个统一的声音，也不能给企业一种制度性的警示，其结果就是同一个企业同一个问题常常反复引发罢工，劳资矛盾的发生和解决的方式总是被简单地复制，而不是螺旋式上升（王同信等，2013）。

"罢工推动的集体谈判"只是在工人集体行动时，才有短暂的工人组织化形态，但随着事件的解决，这种组织化形态会迅速瓦解，工人再一次回归原子化劳动状态，因此无法实现长期的制度化。但即便如此，它却无一例外，都带来工人工资的大幅增长，这与政府常年主导的集体协商形成了鲜明的对比，连工会干部们也常常感叹"集体协商三年不如罢工三天"，"先协商再罢工"的传统产业关系运转模式被颠倒，成为"先罢工再协商"的危机处理模式。这种方式的代价注定是高昂的，没有任何征兆的罢工常常让企业和政府措手不及，罢工工人要价过高又无法统一诉求的问题日益突出，劳资谈判越发艰难，罢工处理的时间越来越长，患上"罢工依赖症"的风险也越来越大。在这种背景下，集体谈判如何从"事后"前移到"事前"，真正作用于产业关系体系，发挥预防罢工的作用，成为劳动关系管理者们越来越需要思考的问题。

这个转变首先从广东开始。南海本田罢工发生时，广东省主要领导转变了传统的维稳解决思路，制止了国家强制力对于企业劳资事件的涉入，以"乐观其成"的态度鼓励劳资自行通过谈判解决问题，政府只在中间做调停。这是一个积极的信号。一方面，这暗示了地方政府尝试把罢工事件"去政治化"，不再认为其是政治事件，而只是经济事件。地方政府过去往往出于高度的政治敏锐性，总会把劳资纠纷事件认定为"维稳"事件，积极干涉企业劳动关系，始终将自己置于矛盾纠纷的第一线。另一方面，政府力量从劳资冲突事件的抽离，由经济利益纠纷产生的经济事件就会由经济的逻辑进行解决，劳资自治以及对等谈判的空间才会真正打开。不仅如此，在中断两年后，广东省委要求加快制定《广东省企业民主管理条例》以及《深圳市集体协商条例》，这两项制度将成为中国最前沿的集体协商制度，详细规定了集体协商的启动程序，职工协商代表的权利和义务，协商期间对双方行为的限制，工资集体协商的依据，其核心为三点，"必谈义务"、"妥协机制"、"谈判中的信息披露"，而这也是市场经济集体谈判制度最为重要的特点。① 而在深圳的《深圳市实施〈中华人民共和国总工会工会法〉办法》（简称《办法》）中，干脆用"集体谈判"替代了"集体协商"。② 在珠三角地区，行业协会与行业工会已经习惯每年进行"工价谈判"。变化不仅发生在地方工会，全国总工会集体合同部部长张建国在《中国工人》杂志 2005 年第一期发表了一篇题为"走向谈判，中国工会要坚定不移"的文章。

五　全国总工会的转变

全国总工会作为集体协商政策的最高制定者和推动者也在经历着显著的变化。为了尽力稳定劳动关系以及在整体上维护工人权益，全总推动了一系列法律出台，如《劳动合同法》、《劳动调解仲裁法》、《就业保护法》，《社会保险法》。2008 年也被认为是劳动规章制度的新纪元，开创了劳动法律保护水平的新时代。尤其是《劳动合同法》，在很多方面都逆转了 20 世纪 90 年代不受约束的劳动关系，力图通过建立无固定期限劳动合同、对劳动关系终止进行规范、对雇主违反已

---

① 在《广东省企业民主管理条例》（第二稿）中，甚至包含了产业行动的条款。倘若雇主未在受到谈判要约的 15 日之内表示愿意谈判，工人们就可以罢工；以强制推行谈判，但不允许为了增加工资而进行罢工，倘若谈判陷入僵局，雇主与工会应该聘请第三方进行仲裁。

② 《办法》第 44 条中明确规定："职工一方集体谈判代表在其履行谈判代表职责期间劳动合同期满的，劳动合同期限自动延长至完成履行代表职责之时"；"职工一方集体谈判代表履行谈判代表职责期间，非经本人同意，用人单位不得调整其工作岗位。职工一方集体谈判代表参加集体谈判占用工作时间的，视为提供正常劳动"。

签订的劳动合同加大制裁力度等方式来强化对工人的保护。同时，《劳动合同法》也将农民工纳入了法律调整范围，这一庞大的群体在1994年的《劳动法》中其实是被排除在外的。不仅如此，集体协商的理念和制度通过这些劳动法律的颁布和推广也进一步得到普及和应用，这为劳资关系协调建立了一个基础，并逐渐被工人所惯用。在2014年发生的IBM、沃尔玛和其他企业的针对裁员进行的罢工中，工人要求用集体协商的方式来解决争端。

而具体到全总的集体协商政策中，有两个非常重要的变化，其一体现在集体合同数量的快速增长，其二体现在集体协商形式的变化。关于集体合同的数量，2011年，全总设定了"两个普遍"的目标，即一方面要依法推动企业普遍建立工会组织，实现工会组织对企业的全覆盖；另一方面要依法推动企业普遍开展工资集体协商，推动建立企业职工工资协商共决机制。根据官方数据和附加说明显示，这"两个普遍"的推进工作进展良好（见表2-1）。2013年，全国签订集体合同数达140.7万份，覆盖企业243.8万个，覆盖职工数高达18465.1万。在2003年，这个数据仅有22.3%，但到2011年时，已经提升到了52.8%。在2003年，仅有54.2%的工会会员被集体合同覆盖，但到了2011年，这一比例变成了86.5%。

表2-1　工会和集体谈判的数据汇总（2003～2011）

	2003	2004	2005	2006	2007	2008	2009	2010	2011
工会会员数（单位：百万）	123.4	136.9	150.3	169.9	193.3	212.2	226.3	240.0	258.0
集体合同（覆盖的人数 单位：百万）	67.0	69.0	97.8	112.5	128.2	149.5	162.0	184.6	223.2
工资集体合同（覆盖的人数 单位：百万）	35.8	35.5	35.3	37.1	39.7	51.1	61.8	75.7	179.3

续表

	2003	2004	2005	2006	2007	2008	2009	2010	2011
区域性集体合同（覆盖的人数单位：百万）	23.9	25.8	26.8	30.6	31.7	34.8	42.0	45.4	58.8
区域性工资集体合同（覆盖的人数单位：百万）	n.a.	n.a.	n.a.	8.2	n.a.	12.0	15.0	16.9	30.8
行业性集体合同（覆盖的人数单位：百万）	n.a.	n.a.	10.8	12.9	13.2	15.7	18.9	22.8	27.9
行业性工资集体合同（覆盖的人数单位：百万）	n.a.	n.a.	n.a.	3.0	n.a.	3.9	4.4	6.4	10.9
工资集体合同覆盖的企业数（单位：千）	293	339	413	526	622	774	902	1116	1951
建立工会的企业数（单位：千）	1574	1935	2331	2753	3193	3682	3959	4318	5266
建立职工代表大会的企业数（单位：千）	351	369	432	901	1086	1568	1839	2250	2781
建立三方机制的企业数量（单位：个）	5062	6684	8030	8213	10702	12280	14451	17000	20000

数据来源：《中国工会统计年鉴》2004～2012年。

在这些经济发达的地区，中小企业的管理一直是让政府头疼的问题，虽然中国的中小企业雇用了中国最大的就业群体，但这些规模很小、盈利微弱、弹性十足的企业也恰恰是劳资冲突最突出的群体，这些企业常常发生不签劳动合同、不进行工伤赔付、拖欠工资等行为。而一旦发生这种事情，工人们常常以威胁跳楼或堵塞交通的方式进行抗争，通过造成社会秩序混乱来扩大社会影响，迫使政府解决他们的权益受损问题。政府对这种事情无法回避却又十分头疼，且解决一起事件后，又有数起会同时爆发，尤其是到了上下班时段或者重大假日。一位受访的官员评论这种事情是"多如牛毛，几个人的企业往往造成几千人的影响"。① 如何维护中小企业劳动关系的稳定成为地方政府关注的重点。

为了配合政府解决稳定问题，工会因势利导地推出针对中小企业的区域性和行业性的工资集体协商，最大限度地稳定区域劳动关系。全总出于政治上的担忧，要求区域性和行业性工资集体协商只能在区县级以下进行②，同时该内容写入了《劳动合同法》第 53 条。③ 2006年，全国总工会联合其他部门下发了《关于开展区域性行业性集体协商的意见》，要求将区域内工人工资水平、工作时间以及与此相关的劳动定额、计件单价等劳动标准作为协商重点。2007 年 11 月，时任国务院总理的温家宝同志在新华社内参《浙江温岭市新河镇羊毛衫行业工资集体协商机制的主要做法》上批示："温岭的做法可以总结推广"。此后全国总工会力推行业协商的模式。在此基础上获得了江苏邳州板材经验以及武汉餐饮行业集体协商经验。2009 年 7 月，全国总工会下发了《关于开展行业性工资集体协商工作的指导意见》，要求抓紧建立和完善行业性工资集体协商机制，大力推进行业性工资集体协商工作。

全总力推区域性和行业性工资集体协商，一方面是想起到约束雇

---

① 对一名广州工业园区管理者的访谈，广州，2011 年 3 月。

② 全总要求在县级以下区域内非公有制小型企业、劳动密集型企业比较集中的乡镇、街道、社区和工业园区（经济技术开发区、高新技术产业园区），推动区域性集体协商，签订区域性集体合同。在同行业企业特别是建筑、采矿、餐饮服务等行业企业相对集中的县级以下区域内，要重点开展行业性集体协商，订立行业性集体合同；具备条件的地区可以根据实际情况，在县（市、区）一级积极探索开展行业性集体协商工作。参见中华全国总工会《关于积极开展行业性工资集体协商工作的指导意见》，2009 年 7 月 9 日。

③ 《劳动合同法》第 53 条：在县级以下区域内，建筑业、采矿业、餐饮服务业等行业可以由工会与企业方面代表订立行业性集体合同，或者订立区域性集体合同。

主的作用，它可以通过集体合同对劳动法律的执行性进行再次确认，因为大部分协议还是重复劳动法律的内容，但即便是这样，雇主的管理行为还是会变得更加谨慎；而另一方面，也想通过区域性和行业性工资集体协商起到稳定区域劳工队伍的作用，通过统一区域内和行业内的工人工资不但可以制止企业之间为了争抢工人而哄抬工价的行为，从而有效减少劳工队伍的高流动性以及由此产生的劳资冲突，而且还可以预防"罢工模仿征"，即地区内一家企业如果罢工一旦该企业涨了工资，往往会带来其他企业工人的模仿罢工。与此同时，区域性和行业工资集体协商也在不断衬托和强调雇主协会的角色和作用，地区的企业家联合会以及工商联合会被要求加入集体协商架构，并与工会签订区域性和行业性的集体合同，而这样可以强化雇主的自我约束。①

全总政策的转变意味着开始重新定位自己的角色，同时重新定义了上级工会和企业工会之间的关系，并尽力自上而下地干预企业劳动关系。面对此起彼伏的工人抗争事件以及社会不稳定，全国总工会转变了过去不干预的态度，上级工会已经开始在劳动关系问题上给予企业工会指导和支持，并渐渐地将工作重心由地方的劳动关系问题转移到了企业层面。在全总的推动下，企业面临的制度密度（institutional density）日渐增加。如果说，以往"纸面工会"是普遍现象，也就是说仅存工会之名却没有任何实质性的活动。而今天，企业普遍被要求建立工会、集体谈判机制、职工代表大会制度等。根据企业所有制的不同，他们可能还要求成立由工人代表组成的董事会和监事会，与资

---

① 与中国工会恰恰相反，中国的雇主组织呈现高层弱、基层强的特点。中国代表雇主的全国性组织有两个，一个是中国企业家联合会，一个是全国工商联，企业家联合会主要代表国有企业，而全国工商联主要代表私营企业。由于国资委成为中国国有企业实际的管理和代表机构，企联的作用非常有限，而在实际的劳动关系三方结构中，工商联正在发挥更大的实际作用。

方共享信息。不仅如此，全总开始推动专职集体协商指导员制度，由上级工会指导企业进行集体协商。2012 年 5 月，全总下发《关于加强专职集体协商指导员队伍建设的意见》，明确了专职集体协商指导员的职责任务、选聘方法、管理制度等内容，要求各级工会在 2012 年底前全部建立起专职集体协商的指导员队伍。在全总的强力推动下，各地都出台了集体合同法规，力图约束企业劳动关系，法规中无一例外地添加了对雇主不履行集体协商义务的惩戒性条款。

第三章

政府发动的集体协商：来自
东北 S 市的案例

一 研究背景以及问题的提出

中国劳动关系中有一个有趣的现象，持续 30 多年的市场化改革客观上带来了工人地位的变化，但中国工会的地位并没有因为中国工人地位的变化而降低，反而呈现一种不断上升的局面。[①] 工会主席的政治地位不断提高，纷纷兼任同级党政要职（见表 3 - 1）。这个反差既有主观也有客观因素。一方面，工人群体性事件层出不穷且不断增长，劳资矛盾已经成为中国社会的主要结构性矛盾。为了稳定基层产业秩序和社会稳定，国家要求工会在社会治理方面发挥更大的作用。另一方面，工会为了获得更大的代表性和合法性，也主动要求提高自身的地位，要求赋予"更多的资源和手段"，只有拥有更多的权力，才能调动更多的资源来稳定劳动关系。工会主席成为党委常委后，就可以

[①] 同样在劳动关系事务中扮演重要管理角色的人力资源与社会保障局（劳动局）的地位与工会形成反差，人社局在实际工作中比工会具有更实质的管理权力和更多的管理责任，但工会主席的级别却高人社局局长一级，工会享有更高的地位。

影响或决定各领域内重大的事项以及官员的任免，工会主席成为人大常委会副主任后，就可以影响各级政府的立法和执法。党政权力间接转变成了工会的权力，并直接增强了工会的行政力量。下级政府和企业对待上级工会的压力时，并不敢怠慢，因为他们知道上级工会其实代表者上级政府以及背后的行政权力，上级工会被包裹上了"官员"色彩。正因为如此，工会在有关劳动政策的制定和推动方面举足轻重且力量强大，全总主席凭借不同时期政治局常委以及全国人大常委会副委员长的地位，分别推动了《劳动法》以及《劳动合同法》的出台。

表 3 - 1　省级工会主席的任职情况

年份	人大常委会副主任	党委常委	政协副主席	无重叠任命
1999	5	6	0	20
2001	9	7	0	15
2004	13	10	2	6
2006	12	11	4	4
2013	20	6	3	2

资料来源：2000、2002、2005、2007、2014 年《中国工会年鉴》，中国统计出版社。

　　而在集体协商制度方面，工会也依然扮演着主导者的角色。一方面，在工会的强势推动下，国家制订了一系列有关集体协商的法规和规章，《劳动法》（1994）、《工会法》（2001）、《工资集体协商试行办法》（2000）、《集体合同规定》（2001）和《劳动合同法》（2007），都以法律条款的形式确立了集体合同的地位，党的重大报告中也都明确提出建立企业职工工资正常增长机制，要求建立和完善工资集体协商制度。另一方面，为了突出和实现稳定劳动关系的目标，全国总工会联合国家相关部门制定了可以层层分解的指标体系，集体协商工作和集体合同签订数量及其覆盖率被落实到各级政府的任务目标中，并与官员的考核升迁息息相关，上级工会要求各级地方政府充分重视集体协商工作，并完成下达的各项指标任务。

学界对于工会推动集体协商工作的深层动机有着不同解释。一种解释植根于市场化改革带来的国家对于控制社会的需求。随着单位制的解体和厂长负责制的推行，党的力量从企业的工作场所中脱离出来，并在客观上带来了工人政治真空。而为了填补这个真空，国家通过推行集体协商制度，希望再次获取对于基层劳动关系的管制和规范（Warner & Sek-Hong，1999）。还有一种解释聚焦于工会本身的利益。市场化改革带来了工会地位的下降以及对于企业行政管制能力的减弱，尤其是职工代表大会的性质由"企业管理的权力机构"调整为"职工行使民主管理权力的机构"，并取消了职代会的常设机构。工会意图通过集体协商制度的推行再次为工会参与企业管理事务提供合法化的制度和规范（Clarke et al.，2004）。两种解释虽然方向不同，但对于如何推动集体协商工作，二者是统一甚至是联合的，即通过制定和分解指标的方式来推动此项工作。

2010 年，人力资源和社会保障部等部门与全国总工会就联合制定了《关于深入推进集体合同制度实施彩虹计划》（以下简称《计划》），并提出具体目标：从 2010 年到 2012 年，力争用三年时间基本在各类已建工会的企业实行集体合同制度。其中，2010 年集体合同制度覆盖率在 60% 以上；2011 年集体合同制度覆盖率在 80% 以上。对未建工会的小企业，通过签订区域性、行业性集体合同努力提高覆盖比例。《计划》还明确要求"各地要在已有工作基础上，统筹规划三年工作任务，结合本地区实际抓紧制定或完善具体实施方案，进一步明确年度目标任务、工作措施和时间进度。要将工作任务完成情况列入目标责任考核内容，加强对工作进展情况的检查考评和定期通报，形成一级抓一级、层层抓落实的工作责任制。"①

目标责任制是近年来政府机关最为常用的管理工具。通过将目标层层分解、逐级签订责任书的目标责任制，整合不同行政等级的责任主体，把责任连带关系纳入进来（艾云，2011）。其运行过程也是权力自上而下行使的过程，这个过程包括任务的确定、任务目标的分解以及完成情况的考核监督。在中国的科层体制中，上级的指标成了检验下级政府执政能力的考验，各级基层政府必须要完成指标，否则将会面临被行政问责的风险，这也事关官员的升迁。显然，各地都会重视集体协商工作，并致力于完成下达的指标。然而，我们却必须关注一个悖论，从政府层面上看，各级政府都高度重视集体协商工作，政府有足够的资源和空间来推动区域内所有企业接受集体协商制度。但从社会层面上看，公众对于集体协商并没有太多的认知，劳动者们也不认为集体协商与自身有什么关系，更不会认为自己的工资增长是通过集体协商而获得的。如何理解如此高的指标结果与实际处境之间的巨大反差？各地政府在承接如此高的指标时，是如何完成这些指标的？在这种背景下的集体协商到底呈现什么样的面目？雇主和工人又是如何评价这种类型的集体协商的？

二　研究对象

本书选举了 S 市作为具体的调研对象。之所以选取该市的原因有以下几点。第一，S 市是东北最重要的中心城市，汇集了大量的产业工人，具有鲜明的国有老工业基地的经济特色，党政基础也非常扎实，

---

① 《人力资源和社会保障部、中华全国总工会、中国企业联合会/中国企业家协会深入推进集体合同制度实施彩虹计划的通知》（人社部发〔2010〕32 号），http://www. mohrss. gov. cn/ldgxs/LDGXjitihetong/LDGXcaihongjihua/201107/t20110727_86307. htm。

政令会得到更严格的执行。第二，S 市的集体协商工作是全国的典型。截至 2011 年底，S 市共签订各类集体合同 4188 份，覆盖企业 32229 家，占成立工会企业的 96.5%。2012 年，S 市总工会宣布世界 500 强在 S 市的企业已经全部签订集体合同。不仅如此，该市近年还大力开展了区域性行业工资集体协商工作，努力实现集体合同制度对企业的"全覆盖"。第三，S 市工会有非常重要的政治地位，其工会主席是市委常委。市委常委是整个 S 市党政体系的最高领导，具有极高的组织权力，因此工会的集体协商工作会得到了整个党政体系的支持。在此背景下，笔者走访了市总工会、市劳动局、市工商联、建筑行业工会、陶瓷协会等单位和部门，与相关负责人及职工代表进行了访谈，详细了解了 S 市开展集体协商工作的整个过程。

三 总工会与强势的工会主席

S 市总工会具有悠久的历史，其成立于 1945 年。由于有靠近苏联的地缘条件和日本人建立的工业基础，S 市成为计划经济管理体制实施最早和苏联模式实施最彻底的地区。改革开放前，S 市一直是中国工业的脊梁，是社会主义现代化的发动机，并聚集了数以百万计的产业工人。S 工会因为其雄厚的工人基础而拥有了非常重要的地位，一直以来是全国工会的典型，出了众多的全国经验。虽然在市场化改革后，S 市总工会有了一段消沉期，尤其是大量的国企改革带来了数以万计的工人下岗，工会的组织基础受到了严重削弱。但在中央振兴东北老工业基地的战略部署下，S 市迅速成为东北投资最密集的城市，也因此汇集了东北最多的工人，S 市工会的重要性也日益凸显。

为了突出地方党政对工会的重视，S 市的工会主席历来是市委常委。一般来说，一个政党或组织的最高权力机构是代表大会，由代表大会选举出若干委员，再由按照委员数 1/5 左右的数量推举出若干委员组成常务委员会，常务委员会委员即常委；常委在代表大会闭会期间，担负该组织的日常决策任务，是实际的最高权力机构。而工会主席作为市委常委，不但成为地方政府主要领导人，更掌握了党的重要权力，这种权力是指挥整个党政系统的基础，直接决定市里的战略大事以及各级官员的任免。这里需要说明的是，中国的工会主席级别一般分两类，一类任职常委，另一类任职人大或担任政协副主任，前者显然比后者拥有更高的级别以及更大的权力。这同时意味着前者布置工作任务会得到党政系统更高的重视以及更大力度的推行。

S 市的工会组织架构中有一个部门不同于其他地方工会的设置，名为"督察考评办公室"，其职责是："负责市总工会党组会议、主席办公会议、重要会议决定事项及其他重要的督查督办工作；负责组织实施市总工会机关和全市工会系统工作目标绩效考评工作；负责主席特别奖及工会工作创新、发展成果的具体评鉴工作。"这个特殊的部门宣示着市总工会特殊的地位，不像其他地方工会的软弱无力，S 市工会是强势和有影响的，它需要严格地、自上而下地贯彻指令和政策，并对下级的执行结果实施奖惩。与此同时，中国的科层体系是五级政府，并大体上分为三个层次：领导决策层——国家（全国总工会）；中间管理层—地方（地方总工会）；决策实施层—乡镇街道（基层工会）。S 市总工会出于中间管理层，在组织体系中扮演上传下达的角色，在国家统一规划和目标的基础上，进一步细化指标和任务，并督促基层工会操作执行。

市总工会还有一个强势的工会主席，所有工会工作的推行都有赖于他的支持和领导。领导秘书出身的 S 市工会主席正是这样的强势领导，他从政经验丰富（见表 3-2），有丰富的政治人脉资源，具有完整的党政和经济管理经验，他还是一个学者型官员，不但拥有经济学和哲学的双博士，文章和口才在官场中也都属一流。2006 年，他卸任一个区的区委书记，并当选市总工会主席。总工会主席级别高于区委书记，也正是他过去的良好政绩才有了这进一步的提升。然而，区委书记作为"呼风唤雨"的地方大吏，拥有绝对的实权和地位，而到了工会后，工会在政治与社会体系中的实际地位却让其有了巨大的落差。他曾经描述自己上任时的情形：

> 说实话，当市里让我来工会时，心里还是打鼓的。工会在我们这个体系中还是一个比较边缘的部门，也没有什么权力，很少人会愿意主动来工会的。但组织上既然让来，肯定是有组织上考虑的，我想也代表着组织上对于工会的重视，那我就要做好，一定要让工会发挥重要的作用。不过刚来的时候还是有很大落差的，我第一天上班打车去总工会，出租司机居然不知道在哪。这些都说明市民觉得工会与自己没有什么关系，工会似乎是一个可有可无的部门，这种状态我是不能接受的，我一定要改变这个现状。

强势的性格加上这种落差，使其对工会的现状极其不满，并转化成改变工会现状的巨大动力，并以此展示总工会新的形象和地位。S 市总工会主席想改变工会现状，提升工会地位的一个重要的资本在于总工会主席同时是市委常委。正是凭借这种权力，他力度极大地推动了工会各方面工作，取得了党政的配合和支持，也史无前例地提升了工会地位。上任伊始，该主席就发起了一场又一场"战役"，并成功地在 S 市刮起一阵阵工会风潮，创造了若干个"第一"。2006 年开始连续三年发起了"外企建会百日活动"、"私企建会集中行动"和"个体工商户建会全面行动"（外企建会率由 17% 提高到 98%，有条件私企建会率从 22% 提高到 98%，规模化个体工商户建会率由 10% 提高到

100%）①；2007 年，从社会上大规模招聘职业化工会干部，派遣到企业做工会主席，吸引了社会各方面的积极参与；2008 年，攻克沃尔玛和肯德基，签订了沃尔玛中国和肯德基中国的第一份集体合同，引起海内外广泛关注；2010 年，力推建筑行业集体合同 1 + N 模式，保证建筑业农民工按月支付工资；2011 年，S 市成立首家劳务派遣公司工会；2012 年，宣布世界 500 强在 S 市的企业已经全部签订集体合同；2014 年，推动《S 市集体合同条例》列入市人大立法计划，等等。更为重要的是，在其大力推动下，S 市所辖区县的工会主席全部进入党委常委，提升了级别和权力，并极大地推动了工会工作的开展。

表 3 - 1 S 市工会主席从政简历

1990. 06 ~ 1995. 02，市委办公厅副主任；

1995. 02 ~ 1996. 08，市委副秘书长、办公厅副主任、机要局局长；

1996. 08 ~ 2000. 10，市委副秘书长、政策研究室主任；

2000. 10 ~ 2000. 11，市委副秘书长、S 区委书记；

2000. 11 ~ 2002. 07，S 区委书记；

2002. 07 ~ 2002. 12，S 区委书记、F 市市委常委（挂职）；

2002. 12 ~ 2003. 08，S 区委书记、F 市市委常委、政府副市长（挂职）；

2003. 08 ~ 2006. 06，S 区委书记；

2006. 06 ~ 2006. 07，市委常委、S 区委书记；

2006. 07 ~ 2014. 04，市委常委、市总工会党组书记、主席

工会主席的强势也体现在对各项工作的高要求和高标准上。一个领导讲话稿，他前前后后会修改 30 多遍；总工会的干部常年彻夜加班，以完成他不断交办的各种任务，这些任务常常还会推倒重来。其在 S 市工会工作中呈现了一种"强人政治"。具体是指政策制定和政策执行都要在领导者的强制手段下进行，这种强制性权力通过改变人们的行为模式，最终达成改革。其作为政治强人，通过借用党的权力，

---

① 总工会内部材料：《改革收缴体制，创新分配体制，为增强工会组织活力提供强力支撑》。

以强制性的手段推动了各类工会工作的开展，实现了 S 工会工作与个人政绩的双赢，S 工会工作屡次成为全国典型经验，工会主席也当选全国总工会执委。

四　集体协商指标的落实

由于工会的强势，集体协商成为党政系统"齐抓共管"的一项重要工作。而如何抓好这项工作，主要是要"下指标"。随着国家权力从总体性支配向技术治理的转变，法治化、规范化、技术化和标准化成为国家治理的主要范式，其中"数字化"管理成为主要方法（渠敬东等，2009）。集体协商工作也必须表现为明确具体可衡量的数量化指标并进行自上而下的分解，用以检验各级政府和工会完成相关任务的工作绩效。

1. 上级层面的集体协商指标

全国总工会在国家层面上将集体协商工作的目标进行了量化："从 2010 年到 2012 年，力争用三年时间基本在各类已建工会的企业实行集体合同制度。其中，2010 年集体合同制度覆盖率达到 60% 以上；2011 年集体合同制度覆盖率达到 80% 以上。对未建工会的小企业，通过签订区域性、行业性集体和同努力提高覆盖比例。"[1] 由于任务目标是层层分解的，在分解过程中，为了保证任务的按时完成或超额完成，分解任务者总是在既有的任务基础上再添加一定的量，因而经常出现加码现象。上级政府通过逐级加码来平衡下级各责任主体，即使有些下级政府未能完成责任指标，上级政府还是能保证整体上完成政策指

---

① 人社部、全总、中企联：《关于深入推进集体合同制度实施彩虹计划的通知》。

标（王汉生、王一鸽，2009）。在国家指标向下分解的过程中，S市的集体协商目标远远高于国家标准，提出在已建工会的各类企业，2010年集体合同制度的覆盖率达到90%以上；2011年集体合同制度覆盖率达到95%以上；到2012年实现集体合同制度全覆盖。2010年区域性、行业性集体合同覆盖率达到60%以上；2011年达到75%以上；2012年达到85%以上。[①] 更让人惊讶的是，还不到两个月，其中的区域性行业性集体合同覆盖率的指标再次提高，要求2010年区域性行业性集体合同覆盖率达到70%以上，2010年达到90%以上，2012年力争达到全覆盖。[②]

2. 基层政府对指标的落实

在这种层层加码的过程中，基层政府完成任务的难度就会越来越高，一位受访的街道工会的工会干部对此抱怨：

> 我不知道上边制定指标的依据是什么，或者说有没有依据？是不是拍脑袋想出来的，他们是否了解基层的实际情况？这些工作怎么可能实现全覆盖，老板给工人涨工资怎么可能听你工会的，即便我们跟人家反复做工作，详细说明集体协商的意义，那需要花费多少精力和时间？这么多企业也是需要一家一家跑呀，我哪有那么多人来实现全覆盖呀？什么时候领导自己下来亲自跑跑就知道难度了。

事实上，S市总工会也意识到雇主的阻力肯定会影响到集体协商

---

① 市委、市政府：《关于深入推进集体合同制度实施彩虹计划的通知》。
② 市委、市政府办公厅：《关于进一步开展区域性行业工资集体协商工作的指导意见》。

的顺利推行，雇主始终把集体合同作为约束自身经营权力、加大劳动成本的负担，因而拒绝与工会进行集体协商。然而，这并不是 S 市工会思考问题的逻辑。在其看来，集体协商能不能顺利推行，不在于雇主同不同意，而是看地方政府重不重视。一位市总工会副主席谈道：

> 为什么推动集体协商困难，关键在于我们相当部分基层政府是站在雇主一边，为了发展 GDP，害怕工资集体协商会影响企业发展，会影响地方政绩，从而充当雇主利益的保护伞，甚至站在职工的对立面。这是一种不正确的政绩观，社会民生和稳定与经济发展同等重要。各基层政府应该转变思维方式，树立正确的政绩观，扎扎实实地把集体协商推行下去。只要政府重视，就没有办不成的事。

为了树立正确的政绩观，S 市政府明确把实现集体合同覆盖率及实施效果列入对各区、县（市）政府绩效考核内容（包括集体合同覆盖率、备案率、合格率和履约率等指标），并建立健全责任目标、定期分析、联合督导、季度通报、季度报表等制度，定期向全市进行通报，各区、县（市）政府是推进集体合同工作的责任主体。[①] 同时，对工资专项集体合同不合格率超标、职工满意度低的区、县（市）及开发区，属行政系统的，实行单项一票否决；属工会系统的，实行全面一票否决，推出绩效考评。政府绩效考核不但是政府工作成果的等级评价，还事关政府官员的升迁荣辱，所以各级官员自然不敢懈怠，带头主抓集体协商工作，努力完成下达的指标任务。随后，地方各级

[①] 市总工会内部材料：《在全市深入落实集体合同制度实施"彩虹"计划动员大会上的讲话》。

政府纷纷成立工资集体协商领导小组，由分管副书记任组长，工会主席和人社局长任副组长，由劳动、财政、税务、工商、工会、企业家协会、外经贸等部门和单位为成员单位的工作领导小组，负责督促工资集体协商工作的全面推进。从 2009 年开始，S 市市委、市政府每年召开一次全市集体合同会议，要求政府各部门参加，分配集体合同工作任务。

为了防止基层政府应付，S 市总工会还开创性地建立了集体合同预审制度，即上级工会对直属基层工会的集体合同文本内容、程序等进行预审。初次签订集体合同的单位，在集体协商前，应填报《集体协商申报书》，将双方协商代表和首席代表名单、协商要约内容等相关材料，按预审权限上报上级工会。已签订过集体合同的单位，在集体协商后，职工代表大会召开前 10 日，应填报《集体合同草案预审申报书》，将集体合同草案文本按预审权限上报上级工会，上级工会对集体合同草案进行预审，并填写《集体合同草案预审意见书》。经预审合格后的集体合同草案，应及时提交职工代表大会审议通过，经双方首席代表签字后，报人社部门审查备案。① 而集体合同预审的标准就是"程序两必须，内容两具体"。"程序两必须"指集体合同必须进行集体协商，必须提交职代会通过；"内容两具体"指集体合同中一定要写明具体的工资标准、具体的工资增幅。而这也是集体合同预审的重点，如果集体合同的签订没有达到上述要求，则被视为集体合同审查不合格，而打回重签。为了提高集体合同签订质量，S 市尤其重视"内容两具体"，要求集体合同的工资标准要高于 S 市最低工资标准，同时必须保证一定的工资增长幅度。S 市规定"为了把握职工工资增长与企业经营绩效的关系，可以考虑按企业实现利润每增长

---

① 市总工会内部材料：《关于建立集体合同预审制度的指导意见》。

10%、职工特别是一线职工工资增长 5% 的比例加以把握"。[①]

3. 行政手段的强力运用

当党政重视后，本身是劳资博弈的集体协商工作转变成如何使"企业乖乖听话"的问题。在这种思维方式下，集体协商重要的不是过程，而是必须签订集体合同。而迫使雇主签订集体合同，动用党政力量和行政权力是最有效的方式。

首先，为了能够做到"有法可依"，在 S 市总工会的推动下，S 市出台了《S 市集体合同规定》。该规定并没有在集体协商的发起条件、主体、流程、信息披露以及仲裁调解等方面有实质性的规定，而是格外强调了雇主如果不签集体合同会面临的惩戒措施，"由劳动保障行政部门责令其限期改正；逾期拒不改正的，按企业不良信用记录在案，并向社会公布；情节严重的，由劳动保障行政部门处 2000 元以上 2 万元以下罚款，并对法定代表人或者主要负责人处 1000 元以上 1 万元以下罚款"。

其次，利用各种行政手段，对雇主形成高压态势，迫使其签订集体合同。工商、外经贸部门对企业进行注册、年检和合同批复时，就要督促企业组建工会和建立工资集体协商制度[②]；税务部门对不建立集体协商制度的企业，不予执行职工实发工资税前扣除政策；人社部门对不能提供集体合同的企业，不予核发工资手册。可以说，各部门已经形成一种联动的集体合同监管机制，企业必须签订集体合同，否则将无法正常运营。不仅如此，集体合同制度也成为企业和经营者履行社会责任的重要内容、评先选优的重要条件，没有建立集体合同制

---

① 市总工会内部材料：《在 S 市深入落实集体合同制度，实施"彩虹"计划动员大会上的讲话》。

② 市工商局、总工会：《关于在登记注册和工商年检中督促企业建立工会、签订集体合同的通知》。

度的企业和企业党政工主要负责人，不能被授予市级以上各种先进荣誉称号，其经营者不得成为人大代表、政协委员候选人。

最后，大力开展全市性集体合同检查活动。① 在 S 市一年一度的《集体合同大检查方案》中，人社局和总工会分别组成检查组，进行自查，各自形成报告。人社局对已备案的集体合同进行检查，工会对企业已签订的集体合同进行自查。自查后，成立由市领导挂帅的，并由劳动关系三方五面参加的集体合同检查指导组，听取人社部门和市总工会的自检情况汇报；随机抽取一定数量企业，审查集体合同文本和相关资料；召开企业经营者、工会主席、职工代表座谈会，听取意见和建议；进行复检，并处理相关责任人（见表 3 - 2）。

表 3 - 2   S 市集体合同检查表

企业名称		所属地区、系统		
企业性质		职工人数		
是否建立集体和协商集体合同工作制度				
集体合同制度是否经职代会讨论			通过时间	
签订合同情况	是否发出建议书		建议书是否被接受	
	是否新签订合同		是否重新修订合同	
	合同期限	年 月 日 至 年 月 日 到期		
	协商时间	自 月 日 至 月 日		
	协商代表	各 人	协商次数	
	合同条款	共计 条		
	工资条款具体内容			
	工资涨幅			
	职代会审议通过时间			
	劳动部门备案时间			

① 市总工会、人社局等六部门：《关于开展 2013 年度集体合同大检查的通知》。

续表

监督检查情况	建立监督检查小组数		监督检查次数		
	检查出的问题数		解决问题数		
	提出建议数		被采纳数		
履约情况	履行中发生争议			起	
	争议解决情况	已圆满解决		起	
		正在协商解决		起	
		正在仲裁或诉讼		起	
群众民主测评	参加测评人数			占职工总数	
	满意率	%	比较满意率	%	不太满意率	%	不满意率	%

五　集体合同"自上而下"的签订过程

党政力量的保驾护航使集体合同的签订工作进展顺利，各级政府和工会运用各种资源和手段尽力完成下达的绩效指标，集体合同的签订过程呈现明显的"自上而下"的特征，地方工会已经取代企业工会成为与雇主集体协商的绝对主体。

1. 集体合同"外包"

集体协商的本意应该是企业工会与企业管理者就本企业工人的工资、福利以及劳动条件展开谈判并达成具体协议的过程。工人的要求并不是围绕法律法规的一般标准，而是结合企业具体经营的心理主张，涉及企业管理的具体政策和管理手段，因此，集体合同应当是企业劳资博弈的产物，是企业内组织化谈判的自然结果。但 S 市的集体协商似乎并没有发生在企业内部，而是发生在企业外部，由上级工会代表企业工会来与企业进行协商，集体合同相当于被"外包"了。

为此，S市建立了市、区两级庞大的集体合同专家团，聘请了100名律师、法律工作者、工会干部为专家团成员，团长由市总工会主席亲自担任。市内13个区、县（市）总工会分别成立了由126人组成的集体合同专家分团，由区、县（市）总工会主席作分团团长。① 集体合同专家团受市总工会委托，由上级工会代行下级工会职责，指导和帮助企业开展集体协商、签订集体合同；负责对企业协商代表进行业务培训，宣传法规政策；帮助企业拟定集体合同文本，以工会协商代表的身份与企业行政协商谈判，签订集体合同。不仅如此，为了弥补街道工会的力量薄弱，市总工会还招聘了150名职业化工会干部，将其派到非公企业，帮助指导签订劳动合同和集体合同。这些集体协商专家以及职业化工会干部也背负着沉重的集体协商指标，他们只能不辞辛苦地找到雇主，反复游说雇主签订集体合同。一位职业化工会干部描述其中的苦楚：

> 签集体合同比建会要难得多了，因为给我们的集体合同要求必须是要涨工资的。你说涨工资这事怎么就成了我们的事情了，那是老板的事呀，他没钱怎么涨呢，我又怎么知道他有钱没钱呢？我们找到企业时，别人都觉得莫名其妙，觉得我们有神经病，有的干脆把我们骂出门。即便这样，我们也只能硬着头皮，反复做工作，要不我们也完不成任务呀。实在不行，有时候就要动大招，对一些"钉子户"，就要求街道查他，这时候他们才能配合一些。

2. 形成雇主组织的制约力

中国工会普遍认为，在区域性行业性集体协商中，存在劳资谈判

---

① 市总工会内部材料：《发挥集体协商专家团作用，有效推进企业签订集体合同》。

主体不对等的情况。与工会形成的从中央到地方的组织体系不同，中国的雇主组织发展缓慢，尤其是基层的雇主组织缺失，这就导致在区域性和行业性的集体谈判中雇主方谈判主体缺位的问题（程延园，2004）。这其实是一种暗示，一方面，雇主组织的成立可以非常好地帮助扩大集体协商的覆盖面，而不用工会到一家一家企业协商；另一方面，雇主组织也是自上而下建立雇主约束力的过程，可以大大减少工会自身去协商的阻力。

　　S 市成立了劳动关系三方协商机制，由政府劳动行政部门、工会组织、企业家协会组成了三个方面，并将工商联、外私企协会纳入协商范畴，形成三方五面的工作机制。三方机制成立以来，每个季度召开一次三方例会，研究劳动关系的热点和难点问题，并根据研究议题，吸纳共青团、妇联等群体组织和有关部门参加会议，听取社会各界关于劳动关系的意见。[1] 同时，要求企业家协会、工商联、外企协会和私企协会等企业代表组织，积极指导和推动区县以下的区域和行业加快建立行业协会、商会等企业代表组织，以适应工资集体协商的需要。对那些一时来不及或暂时没有条件建立工会组织和企业代表组织的地方，由上一级的工会和企业代表组织代行协商职责，用"协商上提一级"的办法来弥补协商主体的缺失，最大限度地扫除区域性、行业性工资集体协商的"死角"。[2]

3. 推广区域性集体协商

　　中国市场经济催生了大量中小企业的产生。在城市中，这些中小

---

[1]　市总工会内部材料：《在全市深入落实集体合同制度实施"彩虹"计划动员大会上的讲话》。

[2]　市总工会内部材料：《在 S 市深入落实集体合同制度，实施"彩虹"计划动员大会上的讲话》。

企业一般会聚集在一个街道或者一栋楼中。这些人数小于 25 人的企业在工会组建上一直是一个难题。为了能够把他们吸收进工会体系，各地工会创造了"一条街"、"一栋楼"等工会组建模式，即成立工会联合会，在这些中小企业聚集的地区只成立一个工会，从而实现工会工作的全覆盖（柏宁湘，2004）。在这种工会组织模式的基础上，工会顺势推出了区域性和行业性的集体协商。这种类型的集体协商会极好地扩大集体协商的覆盖面，从而更好地完成上级的考核指标。

S 市在区域性集体协商实行的是"1＋N"模式，"1"是指区域性的集体合同，规定了区域所在企业的最低工资标准以及支付保障、工作时间等通用性合同条款。在此基础上，工会在把区域内企业按照行业特征分为"N"类，再向企业行政发出协商要约，依据行业生产特点，签订 N 个行业集体协议，行业集体协议中的工资标准和增长幅度不得低于区域性集体合同。① 这种模式后来又得到了细化，在下属的一个工业园区演化成了"1＋N"模式。"1"是签订一份基础性集体合同。在区域内 25 人以下小企业进行集体协商，签订具有基础性、指导性、区域性特点的集体合同。"X"是在基础性合同基础上，进行具体细化。一是将经营状态细化。分为正常经营企业与非正常经营企业。二是将企业类别细化，将 28 家 25 人以下正常经营企业划分为机械类、房地产类、农事类、金属加工类、其他类五种类别，将 4 家非正常经营企业分为经营困难类和季节性停产类。三是在分类基础上细化岗位，细分了 11 个岗位、25 个工种。最后，再由地方工会按照各类别依次签订集体合同，整个自上而下的集体协商过程都是由地方工会主导的。

4. 一个具体的案例：肯德基的集体协商

S 市的集体合同运动中也受到过一些外资企业的抵抗，S 市肯德

---

① 市总工会内部材料：《S 区总工会"1＋X"具体做法》，调研汇报材料。

基签订集体合同就是这样的一个案例。这个案例中，集体合同成为 S 市总工会与肯德基的角力过程，签订过程依然是"自上而下"的。

在全国总工会的统一部署下，全国开展了在外资企业建会和进行集体协商的攻坚战。① 在市工会的工作督促下，该市外资企业麦当劳和沃尔玛纷纷与员工签订了集体合同，但是肯德基一直没有跟进。为了督促肯德基签订集体合同，S 市总工会下属的服务业工会此后主动与肯德基工会、企业代表进行电话沟通并登门拜访，为对方提供了有关集体合同的法律法规和合同样本。在此期间，市工会相关负责人先后多次约见肯德基工会主席，督促其开展集体协商工作。S 市肯德基工会将其报备总部同意后的《集体合同草案》报送给 S 市总工会。但是工会发现，肯德基总部批准的这份草案过分强调企业权利、职工义务，却回避涉及职工权益的条款，没有体现权利和义务的对等。尤其是最重要的两个条款：员工最低工资标准和收入调整幅度，都没有在集体合同中得到明确。围绕草案，S 市服务业工会提出了 50 多条修改意见，并返还肯德基，限期整改。然而此后，肯德基以工作忙、需要总部批准等理由将此事拖了下来，修改版的《集体合同文本》迟迟没有下文。

随后，市总工会以特快专递的方式向肯德基送达了《律师函》，要求在收到该函 5 日内，对集体合同中有关工资标准和调整幅度等核心内容做出明确书面答复。市服务业工会与肯德基行政方再次就核心条款进行协商，但肯德基仍以未得到总部回复为托辞，拒绝在其集体

---

① 沃尔玛建会在中国的劳动关系中具有重要的意义。全国总工会一直把沃尔玛建会作为重点工作予以突破，由于沃尔玛一直拒绝建立工会，全国总工会史无前例地通过自下而上动员工人的方式，在中国福建省泉州晋江成立了第一家沃尔玛分店工会。随后，全国总工会要求各地有沃尔玛的地方政府学习晋江经验，纷纷发动工人建立沃尔玛工会。沃尔玛终于认识到了事态并对全总进行了妥协。随后，标榜在世界各国不建工会的沃尔玛在中国 30 个城市的 62 家分店终于全部建立工会组织，发展会员 6000 余名。

合同草案中明确工资调整幅度。在对方的强硬态度下，市总工会将该消息通报媒体。某都市报以"肯德基数千员工集体合同'难产'"为题报道了此事，抨击肯德基违反中国法律，不维护员工利益，随后《第一财经日报》、《每日经济新闻》、《东方早报》、新华社等国内主流媒体纷纷进行报道，对肯德基形成强大的舆论压力。市委常委、市总工会主席率市总工会代表团，与肯德基的总经理等就推进集体合同工作再次协商。总工会主席措辞严厉地批评了肯德基的行为，"任何企业的厂规、店规都不能凌驾于中国法律之上"，明确表示应在集体合同中量化最低工资标准和工资年度涨幅，建议两者分别为900元/月和5%。市总工会一位副主席表示，如肯德基继续不签集体合同，市总工会将建议有关部门依据相关规定对其处罚。在市工会强大的压力下，肯德基最终还是屈服，签订了集体合同，并明确在未来三年内，最低工资不低于900元/月，并维持5%的年均涨幅。

六 对该种模式的评价

相比于以往自上而下的集体协商模式，今天的中国工会更加强势，凭借其在党政系统中的地位，更加熟练地利用行政权力来推动集体协商，尤其是设立层层分解的考核指标并与官员的升迁荣辱建立因果联系成为最突出的特点。这种模式对于提高全社会对集体协商的认知以及进一步落实劳动法律条款和最低工资标准会有更加明显的效果，但显然它也进一步展露了自上而下进行集体协商运动的弊端。集体协商并不是劳资协商，而是政府联合上级工会和企业之间的"政资协商"，主导集体协商工作的是行政力量，并不是职工群体本身的组织力量。尽管从法律上看，集体协商的主体应该是职工，但职工在这种模式下一直是"被参与"的角色，实际上没有对集体协商进程和结果形成实质的影响，而这种离开职工的集体协商类型虽然会有极高的覆盖率，但注定会造成一系列效果困境。

第一，集体谈判的行政模式实际上是工会"上代下"功能的一种表现形式，地方工会意识到企业工会的孱弱，无法形成与雇主对等的集体谈判主体，因此需要上级工会帮助和支持基层工会。这种起源于20 世纪 80 年代深圳蛇口工业园区的经验一直主导了工会的工作思路，在不解决企业工会独立性和代表性的前提下，由上级工会尽力维护职工权益和稳定企业劳动关系。① 然而，"上代下"的前提在于企业工会有希望维护本企业职工利益的诉求，希望与雇主进行集体谈判的意愿，此时，上级工会是帮助企业工会撑腰，通过各方力量形成对雇主的制约，最终目的是让双方进行平等的集体协商。而党政模式最重要的特征在于"上"完全取代"下"，上级工会越俎代庖直接与雇主进行集体谈判，并强制要求集体合同结果的达成。集体协商其实是根植于企业内部的，协商的条件也是结合企业具体经营条件和环境展开的，而一个根本不了解企业基础信息的外围组织是根本无法与企业进行集体协商的，而以这种方式签下的集体合同完全可能脱离了企业实际，根本不能形成对雇主的制约。一位受访的企业雇主私下谈了对于集体协商的看法：

> 但我感觉这也就是一阵风，只是签一个形式上的集体合同，签完后怎么执行，他们好像无所谓，当然也无能为力。他们不可能来厂里天天蹲着吧，这么多工人的工资怎么算他们都不懂，还

---

① "上带下"维权模式是全国总工会调研组对蛇口模式的总结，企业工会负责职工的教育、促进企业生产效率的提高，而令企业工会主席为难的职工维权则上交到蛇口工业区工会处理，因为工业区工会与企业没有直接利害关系，通过这种"上带下"的维权机制，缓解基层工会主席的个人压力。

怎么可能谈涨多少工资。这些都是形式，先把这阵风对付过去吧，也要理解他们，他们也要政绩。

第二，行政模式最重要的特点在于"订立指标、层层分解并纳入绩效考评"，各级政府和工会都有压力来完成层层分解的集体合同签订率指标，这事关官员的升迁荣辱，而在这样的压力机制下，政府有了足够的动力来干涉本应是劳资自治的集体协商过程，从而从根本上违背了集体协商的本质理念。一方面，集体协商剥离了"协商"的过程，完全没有劳资双方应有的反复博弈、谈判和妥协的过程，而集体合同的签订也不再是这个过程的自然结果，而是为了完成上级下达的指标，这就必然导致集体合同的形式化和内容的空洞化，"数字工程"大行其道。而另一方面，在"时间紧、任务重"的指标压力下，为了应付上级的检查和保住自己的位置，也必然出现信息失真，甚至上下其手、联合造假的行为。一名记者曾经撰写了一篇名为"被'注水'的集体合同"的文章，专门揭露了通过行政力量推动集体协商过程中出现的种种怪现象，诸如基层工会伪造集体合同签名、倒闭企业居然签订集体合同、人社部门集体合同审查走过场，等等。

第三，"剥离"集体协商的集体合同的另一个恶果，还在于集体合同中的工资标准很可能背离劳动力市场的价格水平。为了能更快地与企业签订集体合同，大部分集体合同的工资条款都以最低工资为参考，同时规定一个较低的工资增长幅度。在 S 市陶瓷行业签订的集体合同中，规定生产一线职工的工时定价为 4.8 元/小时，[①] 即使 1 天工作 12 个小时，算上 4 个小时的加班费用，一天的收入也仅为 76.8 元，而事实上，当地备受"招工慌"的困扰，实际的一线工人工资最少每

---

① 市总工会内部材料：《关于陶瓷行业开展工资集体协商情况》。

天 150 元，与集体合同的工资标准几乎差了一倍。而在肯德基签订的集体合同中，规定员工的工资增长幅度为 5%，可实际上，肯德基利润年均增长 30.7%，工资总额年均增长 8.2%，早已超出 5% 的增长幅度。而这些集体合同被大张旗鼓做宣传，并要求工人群体积极遵守，而一旦这种"狸猫换太子"式的集体合同成为工人的"法定"标准，要求工人承担违反集体合同的责任，就完全背离了劳动力市场的供需状态，压低了实际的工人工资水平，从而在事实上损害了工人权益，并成为雇主控制工人的管理工具。

第四，行政模式回避了一个非常根本的问题，即企业工会组织问题。集体协商的根本在于劳资力量的均衡，正是这种均衡才能促成相互妥协的集体谈判结果，从而稳定劳动关系。而这一结果的达成有赖于强有力的工人代表组织。事实上，S 市的集体合同运动中没有工会应该增强代表性和独立性的要求，更没有赋予工人民主推选协商代表的权力。如果集体协商不能解决企业工会的独立性和代表性的问题，集体协商就只能是在标准合同本文上签字盖章的仪式而已，不是一个真正的谈判过程，没有劳资对峙的局面，更没有工人的广泛参与。与此同时，笔者注意到不同于市总工会的强势，越往下级，工会的力量和资源越羸弱，而最基层的街道工会几乎没有专职的工会干部，工会主席往往都是兼职的。因此，在这种自上而下的集体合同运动中，工会并不能通过发动工人力量来达到签订集体合同的目的，甚至需要讨好雇主，为其提供更多的资源和政策，集体合同反而成为雇主向政府要价的手段，从而进一步加剧劳资失衡的局面。

第五，有必要对"强人政治"做一个理性分析。市总工会主席毫无疑问属于超凡魅力型政治家。一方面，长期的党政生涯使其具有丰富的政治资源、高超的领导才能以及强势的工作作风；另一方面，在市总工会工作期间，他产生了浓厚的工会情怀，希望改变工会地位，让更多人认可工会。他对工会的三个比喻成为工会系统内流传的佳话：

> 工会是个"大舞台"，横可以无限宽、纵可以无限长，全凭自己的能力和担当，心有多大，舞台就有多大；工会是个"保险箱"，只保管权力，从不运用权力，所以总能做到常在河边走，就是不湿鞋；工会是个"养生堂"，做工人工作……做这样的工作岂能不延年益寿。

他的魅力加上巨大的权力产生了市总工会几年来"如火如荼"的情形，社会层面不断刮起工会旋风，并整体上增进了工人权益的进步。然而，这种权力或权威最大的问题是没有被制度化、法理化。一方面，不签集体合同就不让年检、劳动部门就不给工资手册，这些行为本身就超越了政府管理的边界。如果说这种方式的好处是"集中力量办大事"，但事情的方向完全取决于领导者个人的能力和道德感自上而下、层层分解的官员绩效中，信息的传播是单向的，好的信息被逐步扩大，不好的信息根本不让人知道，工人群体的真实信息更是无从了解，风险早已不断累积。

七 讨论和结论

毫无疑问，转型期中国的劳资矛盾日益突出，工人群体整体权益亟待保护和提高，工会希望有更有力的作为，来增强自身的代表性和合法性，但工会出现了日益严重的"双整合"现象，即基层工会被整合到企业管理框架，而上级工会被整合到党政系统之中（Chen，2009）。由于没有触及基层工会制度的变革，上级工会无法调动基层工会的力量，基层工会实际上掌控在企业雇主手中。因此，上级工会会自然习惯地凭借自身在党政体系中的地位，运用党政权力，迫使下级党政系统来重视集体协商工作。为了保证对集体协商工作的重视，上级工会通过指标化和数量化的目标责任制来引导各级政府的工作重点和注意力，激励基层政府进行选择性关注（Wilson，1989）。S 市总工会作为中间代理人则做得更加完善，通过"一票否决"、"集体合同预审"、"内容两必须"的制度设计来监控下级政府的执行过程，提高集体合同工作的质量。为了督促雇主进行集体协商，上级工会非常娴熟地运用了行政权力，形成了对雇主的高压态势，迫使其完成集体合同的签订。这种方式的集体协商已经成为中国最普遍的集体协商类型，尤其是在东北地区以及内陆地区，在这些地区，国有经济一股独大，非公经济发育不全，政府公权力更具有社会穿透力。

　　然而即便在这种目标清晰、程序严谨的集体协商组织条件下，组织中依然存在大量"监督软化"的问题（董强、李小云，2009）。上级工会虽然规定了具体的目标，但并没有规定实现目标的过程和路径，基层政府常常会把签订集体合同作为目的，忽略集体合同应该通过劳资博弈的过程产生，从而出现"目标替代"现象，导致整个集体协商工作形式化的困境。这里面反映了一个无奈的现实，许多基层政府更愿意以确保当地经济发展为优先，而非工人的权益为优先。为了促进经济发展，这些基层政府更愿意为企业提供廉价和顺从的劳动力，集体协商绝不能影响到企业和地方经济发展。这也就注定了上级工会政策会遭到基层政府的阳奉阴违，这反映了行政官僚层级上下不同的激励导向，社会和谐以及劳动关系理念还更多地停留在上层建筑。与此同时，在不发动工人的情况下，地方工会和基层政府成为集体协商的主体，从而使集体协商失去了劳资博弈的过程，目的并不是提高工人的工资等劳动条件，而是通过行政力量的强力介入扩大集体合同覆盖面以及提高集体合同签订数量。这样做的结果一方面可以尽可能保证不触及地方和企业利益，另一方面则可以顺利完成上级下达的集体合同指标。这种两全其美的基层政府策略留给国家的依然是动荡的劳动关系。

第四章
雇主发起的集体协商：对温岭羊毛衫
行业工资集体协商的考察

一 研究背景以及研究问题

在国内学界对于集体谈判的研究中，有两个非常重要的缺项，一个是只关注工会的作用和影响，而缺少对雇主的关注，集体协议是需要工会与雇主相互认同的，双方都在寻找在劳动力市场以及产品市场上的共同利益，集体谈判并不是工会的"独角戏"。另一个缺项是缺少对雇主组织的研究。一般认为雇主组织是工会出现后的产物，其实在工业化早期，雇主之间的联合是早于工人之间的联合的。雇主组织在工会出现之前就已经对工资进行了集体规范，这在后期逐渐演化为雇主组织与工会之间的集体谈判（Clegg，1970）。而且集体谈判最初就是基于行业的，而不是基于企业的，雇主组织在劳动关系中扮演着至关重要的角色，西方称之为"多雇主的谈判"（multi-employer bar-gaining）。

中国正在出现一种新的集体协商类型：行业性工资集体协商。这种集体协商方式虽然在西方工业化国家是主流，但在中国并没有引起太多人注意，因为行业性集体协商大部分都是自上而下的，缺乏雇主组织以及行业工会的建设，本质目的是完成国家下发的集体协商指标（见表4-1）。地方工会与那些声称代表区域内所有企业的行业协会签订一份协议，以此实现集体协商的全覆盖。最著名的例子是曾经引起全国瞩目的武汉餐饮行业集体协商。这份集体合同覆盖了武汉市4万家餐饮企业以及45万名从业人员，被认为是中国迄今为止覆盖人数最多的集体合同，但它的实际效果引起了诸多质疑。一些学者通过实证调查，得出了集体协商对于工人工资增长的作用十分微弱的结论（谢玉华，2012）。在餐饮行业异常困难的招工荒背景下，工人工资增长的真正因素其实来源于劳动力市场的严重短缺。

表4-1 行业性集体合同数据（2003~2011）

	2003	2004	2005	2006	2007	2008	2009	2010	2011
行业性集体合同（覆盖的人数单位：百万）	n. a.	n. a.	10.8	12.9	13.2	15.7	18.9	22.8	27.9
行业性工资集体合同（覆盖的人数单位：百万）	n. a.	n. a.	n. a.	3.0	n. a.	3.9	4.4	6.4	10.9

数据来源：2004~2012年《中国工会统计年鉴》。

然而，中国并不是没有行业工资集体协商以及雇主组织成长的土壤，劳动关系学界缺少了对长三角的关注。① 长三角经济是与珠三角经济并驾齐驱的经济发展模式，不同于外来资本聚集的广东，长三角是本土资本聚集的地区，这些活跃在浙江和江苏乡镇或村的企业之间具有很强的家族性联系。这种经济具有三个鲜明的特点。第一个特点

---

① 长三角是中国最重要的经济区域之一，涵盖浙江、江苏等省份，是中国民营经济最发达的地区。

是经济的"块状结构"，生产同一种产品的众多企业常常聚集在同一个村或者镇，不同的村或镇规模化生产不同的产品（新望，2003）。第二个特点是企业与地方政府的紧密关系催生了地方法团主义（Oi，1992）。许多企业主动建立党支部和工会，发展党员和工会会员。第三个特点是长三角行业协会众多。由于乡镇企业过于弱小，为了避免相互之间的恶性竞争，同时为了保护地区品牌信誉，江浙地区一直是民间行业协会和雇主组织最繁荣的土壤（Zhang，2007）。

由于处于全球价值链的低端，企业相互恶性竞争，地区劳资关系日趋紧张，工人流动率高涨，雇主之间争抢技术工人，劳资冲突不断爆发，行业协会也不可避免地介入劳动关系之中。在经历了雇主组织的集体工资规范后，这个地区也在踊跃地进行行业工资集体协商。与其他地区的形式不同，长三角区域的行业工资集体协商是在行业协会与行业工会之间进行的，鼓励行业工会的成立和发展。这出现了一个有意思的现象，中国工会体制是以地区划分的，而不是以行业划分的。为了避免工会跨地区的横向联合，中国的产业工会也一直处于不断萎缩的态势（乔建，2008）。然而，这个原则似乎正在被江浙地区的行业工资集体协商打破，因为这需要成立行业工会，改变了工会的组织形式。但政府支持了行业工会在这些地区的发展，全总甚至在 2008 年于浙江杭州召开了专门会议，鼓励大力推广行业性和区域性集体协商（孙春兰，2008）。与国有企业对待工会的漠视以及外资企业对待工会的敌视不同，江浙民营企业对待行业工会却呈现了一种热情。就如同积极建立党支部一样，行业协会也纷纷帮助建立行业工会，并力推行业工资集体协商，这种形式的工资集体协商具有强烈的雇主色彩，属于"雇主发动的集体协商"。

学界总会有误解，雇主似乎对于限制他们管理权的集体谈判应该是敌视的，然而从历史上看，许多产业中的集体谈判并不是由工会而是由雇主发起的。佛兰斯特也认为在韦伯夫妇的整部著作中，几乎没有考虑到雇主对集体谈判的兴趣，这种理论仅仅把集体谈判作为工会活动的一种手段，并且在发展过程中忽视了雇主与雇主组织的作用（Flanders，1970）。对于雇主而言，集体谈判追求稳定性、可预见性和一致性，而这些正是雇主有效控制生产的先决条件，同时正式的谈判和争议程序则化解了工人的敌意，使他们无法动员起来，其方式是增加了一个"和平的义务"，这种义务把主动权留给了管理方（Herding，1972）。布洛维还特别描述了集体谈判对于雇主的作用，认为集体的讨价还价，一方面取代了来自车间的不同生产代理人之间的冲突；另一方面在协商的框架中重组了冲突。而在以这种方式重组冲突的过程中，集体谈判产生了工会与公司之间的一种建立在企业生存和发展基础上的共同利益，双方只是围绕一些细枝末节的变化而进行斗争（协商），对劳资关系的本质特性没有任何影响。而协商的结果是，工人的反抗意识消失了，工人越来越被建构为一种制度化和具有义务的工业公民（Burawoy，1979；童根兴，2005）。而这种可以消解工人集体怨恨、制造工人认同的机制，被布洛维称为内部国家（Internal State）。

如果借鉴西方成果，江浙一带盛行的行业性工资集体协商是否也遵从了同样的雇主逻辑？在劳资矛盾激烈的中国，为什么雇主希望将集体协商作为保护自身利益、化解冲突的机制呢？这种类型的集体协商是否达到了雇主预期？工人的反应以及劳资博弈又是怎样的？地方政府在这种形式的集体协商中扮演什么样的角色？

二　研究对象

本书选取了浙江温岭羊毛衫行业作为研究对象。当地的雇主每年与工人就工价标准进行集体协商，并且在当地雇主的积极推动下，还建立了新中国第一个非公有制企业的行业工会。行业工资集体协商的效果基本消灭了工人罢工和上访现象，引起了社会的广泛关注。在看到新华社的报道后，国家总理温家宝亲自批示温岭做法可以总结推广。随后，浙江省和全国总工会在温岭召开现场会，在全国推广温岭行业的集体协商经验。2012 年，温岭的工资集体协商也获得国家颁发的"中国地方政府创新奖"。2003～2013 年，温岭羊毛衫行业总共经历了 11 轮的工资集体协商。

笔者在 2009 年、2010 年和 2013 年对温岭新河镇羊毛衫行业进行了三次田野调查。2009 年第一次来浙江温岭时，对温岭市总工会和温岭市劳动局进行了访谈，对新河镇羊毛衫行业的集体协商的总体情况进行了了解，并收集了官方给予的资料，其中包括大量的官方文件以及对温岭协商的媒体报道。接着来到新河镇，与新河羊毛衫行业工会主席陈福清、羊毛衫行业协会主席王新法、行业工会委员兼职工代表陈绪凤以及一名雇主代表进行了访谈，他们从雇主、工会以及工人的角度对集体协商发表了看法。2010 年，笔者再次来到新河，与第一次不同，这一次笔者并没有通过官方渠道，而是隐藏身份，单独一人实地调研，主要访谈了工厂工人，同时访谈了一些行业工会委员以及小企业主，他们向笔者描述了集体协商过程中的一些故事。2013 年，笔者第三次来到温岭新河镇，对集体协商的后续效果进行了追踪。在此期间收集了最近几年的媒体报道，并对相关人士进行了补充访谈，同时对江浙区域的经济特点进行了深入考察。笔者还收集了江苏邳州板材行业集体协商以及江苏宜兴陶瓷行业集体协商的案例材料，以此与温岭羊毛衫行业集体协商进行比较，这两个案例同样也是全国的典型经验。

三 温岭羊毛衫行业的各方主体

新河镇位于温岭市的东北部，面积 71.4 平方公里，人口约 12 万。该镇有羊毛衫、帽业、机械三大支柱产业。其中，羊毛衫行业主要集中于新河镇长屿一带。该行业在 20 世纪 80 年代初开始发展，当时只有三四家，都是由家庭作坊进行来料加工，收取加工费。到了 90 年代初发展到 10 多家，开始形成产业集群，集选料、精纺、编织、销售于一体。至 2003 年企业迅速增加到 113 家，年产值达 1.67 亿美元，生产工人达 1.2 万人，外来务工人员占 70%。温岭是浙江省主要的羊毛衫生产基地之一。

1. 雇主

新河镇的羊毛衫企业主基本上都是本地村民。当有的村民办起了羊毛衫企业，其隔壁的村民或者亲戚便会很快办起同样的企业。然而这些企业里并没有一家地区明星企业，年产值超 500 万元的企业仅 12 家，绝大多数是家庭作坊，呈现明显的"弱资本"特征。[①] 羊毛衫生产有很强的季节性，工厂在 1~4 月基本不开工，4~8 月属于生产淡季，9~10 月是满负荷生产旺季。生产的季节性带来了劳动力的季节性流动，工人们在淡季的时候离开企业并流出新河镇，而在旺季的时候则流入新河镇并寻找新工作。由于温岭的地理位置并不优越，并需要与同样是羊毛上生产中心的广东东莞竞争，因此工人的工资普遍高于东莞，2003 年一个普通熟练女工在温岭每月可以拿到 1500 元，而

---

① 在浙江，明星企业的产值需要在 1 亿元以上，政府对于明星企业通常有非常优惠的政策，包括在税收、行政手续、银行信贷方面。在企业日益招工难的情况下，许多地方政府开始帮助企业联系招工。

她在广东东莞报酬只有 700~800 元。但即便是这样，每到生产旺季，温岭新河的缺工仍在 1/4 左右。然而正是这短短两个月的生产状况会关乎企业的全年利润甚至是生存问题，因此对熟练工人的争夺成了企业间竞争的关键所在，雇主们纷纷通过高工价吸引工人，且竞争日益白热化。

雇主们为了解决彼此之间在工价上的恶性竞争问题，从 1999 年起开始积极尝试建立行业自律机制。该年底，几家大型羊毛衫企业的雇主就工价问题开展了首次协商，经讨论制定了内部统一的工价表，以此为标准对各企业、各工种计件工资率进行了规范。但由于其他未参加协商的 100 多家企业仍然哄抬工价，熟练工人还在源源不断地流走，那份协商一致的内部协议变成了废纸一张。雇主们开始意识到要在根本上解决企业之间的恶性竞争，就必须使自律机制覆盖全行业，形成行业雇主卡特尔。2000 年，新河镇羊毛衫行业协会成立，紧接着，在 2002 年，温岭市也成立了羊毛衫行业协会。协会的当务之急就是在温岭地区建立统一的羊毛衫行业工价标准。

然而，由于缺乏大规模强势企业，行业协会的管理权威性受到挑战，惩戒机制也迟迟无法建立。数据显示，行业协会 113 家企业中稍大规模企业的产值之和不足总产量的 20%，剩余企业大都是家庭作坊。同时，协会中的企业都是集中在产业价值链低端的"代工企业"，他们生产产品并不是为满足客户的多样化需求，而是考虑如何尽量规模化生产以最大化完成订单。因此，依靠协会成员企业自觉为协会提供真实的工价信息几乎不可能，企业之间相互防范。在行业协会成立前，成员就有抬高工价的动机和行为，而在行业协会成立后，欺骗的动力就更充足了。一位受访的雇主谈道：

我们可能犯了方向性错误，以为 113 位老板成立了温岭市羊毛衫协会，就可以避免企业间为互相挖墙脚而哄抬工价。没有想到的是，我们最大的问题在于产品的同质性太强，大家都生产同样的产品，谁价格低谁就能拿到订单，这样就注定了我们不可能团结。协会成立后，情况反而更严重了。以前工价都是保密的，而现在谁统一工价，就相当于谁亮了底牌，为那些不想执行的企业提供了便利，协会也根本没有能力来进行干涉，别人不听你的也没有办法，结果到最后就是谁也不执行了，互相都在欺骗。

从全球价值链的理论上看，江浙经济属于典型的采购者驱动的价值链（Henderson，1998）。在这种价值链中，发展中国家和地方企业利用廉价劳动力以及自然资源进行生产，从而融入品牌商全球采购和贴牌加工（OEM）的价值链管理方式。由于进入壁垒低，生产环节集聚了大量的企业，激烈的竞争使企业从全球价值链上获得的"经济租"（economic rent）日益减少，经济收益越来越低（Kaplinsky、Morris，2003）。在全球价值链中，高端环节获取的利润占整个产品利润的90%～95%，而低端环节仅占到5%～10%，而许多中国制造工厂获取的利润甚至只有1%～2%。从另一方面看，中国民营企业由于资本规模小、技术水平低、要素禀赋差，在多重挤压的环境中艰难生存。它们不能像国有企业那样自由进入垄断行业，也不能像外资企业那样享受优厚的政策倾斜，在获得生产要素、市场准入、产权保护等许多方面都受到歧视，而国家的相关扶持政策也仅仅停留于制度文本，民营企业在技术、管理、资金和人才等方面明显处于弱势。它们也只能进入利润小，门槛低，投资少的简单技术加工类型的行业，并在一定区域内高密度聚集，生产特征具有高度同质性和模仿性，并最终导致了价格的不断降低和成本的不断缩减。在其所面临的行业进入门槛低、竞争激烈、低价政策等残酷现实下，即便对劳动力有迫切需求也无法大幅度提高劳动工资，"民工荒"更是传递了过度竞争下民营资本的无奈。因此，民营企业的劳资关系更多地体现为"相对的弱资本"与"绝对的弱劳动"之间的矛盾，企业为了生存，只好把成本和损失转嫁到比他们更弱的劳动者身上（姚先国，2005）。

2. 工人

温岭羊毛衫行业有工人1.2万多人，大部分都是外来农民工，来自四川和湖南省的女工居多。由于温岭的地理位置并不优越①，为了能够与另一个位于广东东莞的羊毛衫生产区域抗衡，温岭工人的工资普遍高于东莞地区，"一个普通熟练女工可以拿到1500元/月，而她在广东东莞做同样工作只有700~800元/月"。然而，高工资并没有阻止雇主相互的恶性竞争，工人的权益也受到严重侵害。一方面，雇主为了减少工人流动率，采用了拖欠工资或交保证金的策略。该地区的工资基本六个月一发，淡季支付上一个旺季的工资。如果在这期间工人选择跳槽则拿不到一分钱。另一方面，高工资的承诺常常得不到兑现，"被挖来的工人好像是被骗过来的，最后只能拿到老板承诺工资的七成左右"。

在这种情况下，劳资冲突的爆发无法避免。自2001年以来，每年八九月是罢工、上访的最频发时期。新河镇劳动和社会保障所资料显示，2002年8月27日到9月6日，有8家企业的168人就拖欠工资问题上访，其中一家企业有40人包车上访。仅2003年下半年就接待了147位工人的上访，"其中一半以上是羊毛衫行业的，上访的焦点问题都是工资"。值得注意的是，羊毛衫的工人普遍是技术工人，他们从

---

① 广东东莞处于广州和深圳中间，具有非常便利的地理交通，而温岭处于浙江东部地区，很少有直达的火车，常常需要乘坐长途汽车前往，这也在无形中加大了前往打工的交通成本。

事挡车工、验布工、裁布工、打卷工、包装工等多个工种。这些工作需要一定的技术经验才能完成，并不是简单的体力劳动。因此，这些技术工人有更强的要价能力和斗争性，善于联合和组织。与此同时，许多学徒工都是这些技术工人从家乡带过来的，史愿意听从技术工人的指挥，这也提高了工人整体斗争能力。一位挡车工谈道：

> 他们（雇主）承诺的为什么做不到？他们不讲理，我们为什么还要卖命，当然不工作了。……反正我们老乡多呀，他们不发你的工资，当然就会有很多老乡帮你出头呀，虽然不是一个厂的，但这个镇就这么小，我们可以天天见面，没事就在一起聊天，你有事自然就一呼百应……，我们才不怕呢，我们有技术，哪都抢我们。

3. 政府

激烈的劳资冲突引发的社会动荡使当地政府颇为头痛。一方面，社会稳定是地方政府关注的头等大事，这事关官员的考核升迁。另一方面，相比于内陆和珠三角地区，地方雇主对于地方政府有着更大的影响。首先，浙江地区是民间行业协会最发达的地区，这些雇主组织在要求成员企业自治和规范的同时，也成为具有统一利益诉求的利益组织或利益集团，他们有更大的动力和能力进行政治参与。具有讽刺意义的是，在工人尚没有组织化的时候，这些地区的企业雇主率先组织化，从而在政府的劳动关系政策中施加更大的影响。其次，政府的基层民主制度也使雇主对于政府的事务有更大的发言权，企业雇主在各级人大代表中占有非常高的比例，而到镇一级，这个情况更明显。新河镇上的本地居民，除了考学或外嫁外地，几乎都开办了多如牛毛的各类工厂，"自己当老板"，这些人也构成了镇人大代表的绝大部分。值得一提的是，温岭地方政府多年来实施了"民主恳谈"制度，这个1999年发起的制度要求地方政府官员必须与乡镇人大代表或村民代表定期举办会议，解决本地居民关心的问题，同时政府重大决策必须先通过该方式征求民众的意见，决策的实施过程和结果由人大代表监督。"民主恳谈"制度进一步扩大了乡镇人大的权力影响。事实上，温岭的羊毛衫企业雇主们最早也是在民主恳谈会上要求镇政府解决工价不统一以及招工难的问题。最后，羊毛衫企业与政府官员有着千丝万缕的血缘关系，许多官员的亲戚甚至一些官员本人就是企业雇主如羊毛衫行业协会会长本人兼任镇工业区的党委副书记。令人匪夷所思的是，该会长居然负责给协会内的企业进行"定税"，即决定一个企业要交多少税。这个本来应该由政府税务部门做的事情，居然由行业协会来承担，一方面是因为行业协会显然更掌握企业的实际生产经营状况，另一方面充分证明了乡镇政府中"官商一体"的治理架构，在地方政府的政策制定中，雇主拥有更为明显的话语权，甚至决策权。

招工难以及引发的劳资冲突也直接影响到了雇主和地方政府的利益。新河镇工会则被委以"构建和谐劳动关系"的重任推向了前台。镇工会受镇政府直接领导，镇工会主席同时也是镇党委常委。镇工会常务副主席被要求具体拿出解决劳资冲突的方案。与中国所有的工会处境相同，工会对工人的要求既不能故意装聋作哑，也不能对工人的罢工斗争表示公开的支持，而应该"与企业行政部门一起通过协商满足工人提出的合理的、可以满足的要求，尽快平息事件，恢复生产"，工会的作用在于缓和工人抗议行动造成的紧张形势（Chen，2003）。新河镇工会先找到行业协会商讨当前形势，在讨论中了解到，劳资冲突的根本原因是雇主间的过度竞争，因而双方将关注点聚焦在如何实现雇主联盟工价统一的问题上。

工会认为，工价自律机制的失败表明雇主自身是无法建立对自己的约束和惩戒机制的，因此必须引入雇主以外的力量对雇主行为进行监督。于是，工会提出行业协会与工人代表就工价进行谈判，达成双方都能接受的统一工价标准并签订法律协议，协议的执行由镇政府和工会监督，也就是工价集体谈判。这个"一石三鸟"的提议得到了政府与协会的认同。行业协会、镇政府、镇工会三方立刻开展起工作。行业协会提供了工价的基本资料，并派人到桐乡、椒江、临海等地考察同行业工资水平，制定出初步工价；镇政府组织雇主开会，在向其宣传工价集体谈判意义的同时对各企业实际工价进行了考察，对工种、工序、工价标准形成初步了解；镇工会约请行业协会的理事将羊毛衫生产过程分解为 5 个工种、59 道工序，逐一确定了大致工价。此外，工会还向温岭市人事劳动保障局确认了工价的合法性。

但在如何产生集体谈判的工人代表这一问题上，镇政府却陷入两难。一方面如果职工代表不具有代表性的话，可能会影响协议的执行，而如果完全放手让工人推举自己的代表，这种广泛动员行为可能会在极大程度上激发工人的团结意识和利益意识，增强了其在谈判过程中采取必要行动的可能性，从而演变成集体行动的导火索。权衡利弊后的镇政府最后只规定了职工代表的三个代表性条件：外来务工人员、有两年以上工龄的熟练工、文化素质相对较高；而最关键的选取权则交给了几家大企业雇主。一位叫王红霞的职工代表描述了被雇主"钦点"的过程。

> 突然有一天，老板找到我，说是镇政府正在推工价集体协商，要选职工代表，他想让我代表企业去参会，并给我安了一个"厂工会主席"的头衔……至于为什么选我，可能是我平时还算比较听话，来的时间也比较长，人缘也还可以吧……老板确实交待了

说话要小心，一些事情要和他商量，还许诺给我涨工钱，当然我还是会尽量替工人说话的。

四　工价集体谈判

新河镇第一次"羊毛衫行业职工工资恳谈会"在 2003 年 6 月 13 日召开。到恳谈会现场的有 8 位企业老板、13 位职工代表及数名"帮助协调指导"的市劳动部门和镇工会官员。摆在谈判代表面前的是羊毛衫行业协会内部讨论后开出的 5 个工种、59 道工序的工价价码。整个谈判过程没有一般集体谈判所见的争吵和对抗，面对着自己的老板，工人代表们显得比较拘谨，有的甚至不敢说话。在镇工会的鼓励下，工人代表们还是根据自身的经验提出了工价增长的理由。他们计算工价的逻辑很简单，就是根据日收入推算，以横机工为例，首先设定每天工作收入总额不少于 60 元，而如果工作 8 小时的生产定额为 6 件，则他提出的最低单件工价就为 10 元；而雇主提出的工价标准则是根据其企业状况、竞争价格和盈利水平来综合计算的，双方工价要求形成了经典谈判工资理论中"不确定性范围"的上限和下限。在此之间，经过提议、让步或反提议等一系列过程，雇主逐渐提高其愿意提供的工价标准，工人也逐渐降低其原有的工资期望值（弗里曼，1987）。

　　工人代表："横机工是制羊毛衫的第一道工序，要求高、费体力，工价低了，我们认为应该提高到每件 10.5 元。"

　　行业协会代表："最近原材料都在上涨，这个工种每件 9.35 元已经很合理了。"

　　工会代表："根据工会调查，大部分工人都反映工价低了，希望企业给予合理提价。"

第一轮谈判之后，各方回去紧急磋商。紧接着，第二轮谈判开始，工人代表将这一工价标准降为每件10.2元，协会代表则升至每件9.8元，双方要求更加接近。随后第三轮谈判开始，在工会协调下，双方达成了折中方案，都接受了每件10元的工价标准。（新华社资料）

在恳谈会上，劳资双方不仅对每道工序的最低工价进行了统一规定，还确定了工人每天8小时的工资不得低于27元，即每月最低劳动报酬不低于800元，以符合当地法定最低工资标准。为了防止雇主的承诺再次成为"空头支票"，在工人代表强烈要求下，双方约定工资必须在"当月产量结算后次月25～28日发放"。这种按月发放的方式大幅降低了工人的收入风险，在根本上可以用"用脚投票"的机制对工价形成实质性监督。集体协商之前，实际上有两种形态的工价，一种是雇主为吸引工人而贴出的招工工价，另一种是工人拿到手的实际工价，两者存在较大偏差。在生产旺季到来之前，雇主们为争夺劳动力会对外宣传虚高的招工工价，竞争中还会不断哄抬。工人受到极大诱惑，然而一旦进到工厂工作，雇主们就开始采用各种欺骗策略来运行实际工价体系。本质上，雇主协会想统一的是招工工价，因为正是招工工价的不统一造成了工人的恶性流动，影响了生产的稳定。然而也正是雇主们对招工工价的相互竞价，才造成招工工价和实际工价的严重脱节，从而引发剧烈的工人对抗。而集体谈判机制则统一了招工工价和实际工价，约束雇主在招工阶段提出的所有承诺都必须在实际用工过程中得到落实。这种倒逼机制迫使雇主"说话算数"，他们再也不会违反正常生产经营规律而开出"名不副实"的招工工价了，招工工价和实际工价真正得到统一。

与此同时，眼看工价集体谈判要定下契约，雇主们的意见却开始出现分化。规模以上企业雇主长期以来深受工人高流动率和劳资冲突频发的困扰，认为集体协约能够带来稳定的生产环境，相比于工价上涨所带来的成本，收益将会更加明显；而那些小规模企业雇主则认为，自己企业产品质量相对较差，用工成本占企业总成本比例重大，一旦签订了集体协约，它带来的工价增长将是企业难以承受的，甚至会威胁企业生存。这些平时实际工价和招工工价差距最大的企业纷纷指责那些大企业是集体谈判的幕后策划者。小企业雇主张德贵在接受访谈时说道：

> 我们的产品质量差一些，利润也低一些，现在要求每一道工序的基准价不得低于11块钱，我们根本就没得赚。如果签了，淡季怎么办？……这些都是王新法（笔者注：羊毛衫协会会长）他们背后弄出来的，他们巴不得我们赶紧倒闭，我们这里的工人可以全部被他们挖过去。

从马克思主义的观点看，这似乎是自由竞争资本主义经过大范围残酷竞争和淘汰后向垄断资本主义转变的必然过程，而集体谈判所带来的劳工成本的统一成为行业大户抢占市场、淘汰对手、提高生产集中度的手段。瑞典曾经实行的"团结一致的工资"（wage solidarism）是这种手段的历史证据，在政府和工会的推动下，该政策要求在同一产业内企业的岗位实现同工同酬，政策结果大大加重了那些设备陈旧、效率低下的企业的费用和负担，经受不住内部压力和国际竞争的企业被迅速淘汰，瑞典的经济结构也得到快速调整（Visser, 1996）。虽然在签约仪式现场，许多小企业主还在反抗，坚决不同意签字，但显然无济于事。经过两个小时的劝说，在地方政府"如果不签，可以让你一个工人都招不到"的警告下，小企业主乖乖签字。8 月 8 日，新河镇工会与羊毛衫行业协会分别代表工人和企业签订了《2003 年下半年羊毛衫行业职工工资（工价）集体协商协议书》。

五 行业工会建立与行业工资集体协商

在集体谈判前期，政府出于稳定的考虑并没有广发发动工人，只是向个别工人征求了意见。职工代表更多考虑的是本人或本厂的情况，因此并不具有广泛的利益代表性。直到工价表在镇公告栏里贴出，全镇工人这才知道了工价集体谈判的事。然而，统一了工价也统一了工人的共同利益，同时激发了工人动员机制和团结机制的迅速形成。工人们就工价标准热烈讨论，他们破除乡籍和厂籍的界限，形成了以工种、工序为载体的"业缘关系"。不同厂的横机工汇集在一起，并找到横机工的职工代表进行咨询，提出群体利益诉求；不同厂的套扣工下班后一起吃饭，交流工作心得；不同厂的缝纫工还会一起逛街购物。工人在业缘关系中形成的特殊亲近关系，使他们很容易相互感染，产生集体情绪，增进集体团结。

如果工人的团结已经超越地域和同乡忠诚，而这种情况下工人与管理层的冲突不再是单一性、有限的、分散的，而变成集体性或团结性的（黄岩，2008）。2004 年 8 月，唐古拉绒毛制品有限公司发生了为期 4 天的罢工，罢工原因是工人们拒绝接受某个款式羊毛衫的计件工价比去年降低了 1 元。最后是雇主承诺整体工价在去年基础上上浮 5%，罢工事件才得以平息。企业老板张林斌对此感到十分错愕，作为新河镇最大的羊毛衫企业之一，他表示罢工事件"这么多年从来没有过"。唐古拉的生产、生活条件对比本地区同类型企业属上等水平，劳资关系一向融洽，工价高出行业工资至少 10%。虽然该年有一个款式的工价下调，但总体工价仍然高于上年。然而为什么会有这么多工人选择罢工呢？更有意思的是，工人组织罢工还有意绕开了雇主选派的那位身兼工会主席的职工代表。此起事件给行业协会的雇主们带来了巨大冲击，如果工人的行动不能纳入集体协商的制度体系，集体协商就无法形成对工人的约束力。

劳工团结显然对雇主的雇用行为形成了刚性约束，从根本上弥补了雇主自律机制的缺陷，从此以后，新河镇再也没有一例工价不统一的情况发生，反倒是雇主们在工价统一的基础上还提高了工人的福利水平。工价内部再次发生变化，以前是高的招工工价，低的实际工价，而现在是实际工价已经高于招工工价。雇主行为的改变源于集体谈判造成的以集体行动能力为基础的日益增强的集体压力，这种压力取代了行业竞争压力成为雇主群体新的威胁。协会会长王新法说：

> 老板们当然要受协议约束了，否则招不到工人。现在的问题是，我们都按照协议做了，工人们还是想罢工就罢工、想跳槽就跳槽。都去盯着老板了，工人谁来管呢？……工人们不理解老板。长屿的羊毛衫企业给员工开的工资现在都在1000元以上了，我们觉得这个工价已经很高了。可是员工们还会不断讨价还价，每到生产旺季就要抬高工价，这让我们心里永远没底。员工们说他们挣的都是血汗钱，可是他们不理解，企业主要付出脑力和心血，也是在挣血汗钱呀！他们工资低了有人管，那我们企业赔了，谁来管呢？

因此在集体谈判的框架下还必须建立一种工人控制机制，既能作为工人利益表达渠道，又能使工人的团结遵守某种纪律规范，从而统一协调和控制工人的群体行为，而工会应该是这种机制的理想产物。

海曼认为工会不同于其他管理组织之处在于它明确建立了"双向控制体系"，工会在自上而下的受会员控制以代表会员利益的同时，也被授予了具体的领导权和惩罚权，自上而下合法地对会员实施控制（Hyman，1975）。然而让新河镇工会发挥控制和协调工人群体的职能却不现实。由于长期以来的自上而下的行政化，中国的地方工会成为执政党科层化组织网络的横向延伸，而联系工人群体的基层工会组织被普遍切断资源供给以及政策、制度支持而近乎瘫痪，并在客观上形成工会组织的断层，使本应自下而上的民主控制被抑制或阻断（颜江伟，2007）。新河镇建有工会的企业少之又少，那些少数建会企业也都是"老板工会"，对工人群体利益的代表性很弱，因此其对工人的控制力也很弱。建立一个新的工人代表组织成为迫在眉睫的事。于是，在签订工资协定的次日，新河羊毛衫行业成立了新中国第一个非公有制企业的行业工会。行业工会委员会由9人组成，其中除镇工会副主席兼任主席之外，其余8人均是从参加工资协商的职工代表中选出的一线工人。

不同于行政化的工会，行业工会工作在生产车间，其对工人群体的感受有更深刻的了解。而工人们知道他们是代表后，尤其是在一年一度的工资集体协商前，都会自然而然地向他们反映诉求，同时高度关注工资集体协商的过程以及行业工会的表现。更为重要的是，行业工会拥有雇主承认的集体谈判权，并被授予本领域内的绝对代表地位，雇主们公开宣称"行业协会的谈判对象应该是行业工会，行业工资协议应该由行业协会和行业工会签订"，雇主们通过持续向行业工会让渡部分管理利润（每年集体谈判后的工价年均增幅达到了5%～12%），帮助其获得更多的工人支持。工人利益的增加使行业工会受到极大的关注，工人们也习惯了向行业工会表达自己的利益诉求，职工代表从13个增加到38个，尽量覆盖镇上大的羊毛衫企业，新增的代表也都是由所在企业推荐的。每年工价谈判的"战利品"自然成为行业工会标榜的业绩，行业工会代表性因此在横向和纵向上都得到了增强。

与此同时，行业工会中的职工代表也成为雇主拉拢和控制的对象，他们的工资较之前会有明显的增加，许多职工代表还被委以车间主任等管理职务。此外，雇主还在工作场所以外与职工代表建立良好的"私人关系"，并有意无意地提高代表们的名声，让其在媒体面前增加曝光度，将其打造成"工人明星"。就在这样一个看不见的过程中，工人群体内部形成了一个等级社会，一种清晰的利益慢慢显现出来，这种利益正在从普通成员的总体利益中分离出来，距离民主精神和实践越来越远（Hinton，1973）。而对于行业工会以及职工代表而言，一方面他们是劳资利益分歧和劳资冲突的产物，本质上是工人群体的代表，但另一方面也正是雇主赞助的外源性权力才是其获得工人群体合法领导权的前提，作为理性主体的行业工会不但要保持自身的生存发展，也要对得起雇主的扶持和期望。因此，追求一种"有序"的劳动关系状态自然成为最优选择。一位名叫陈艳华的职工代表在访谈中谈道：

> 行业工会和行业协会之间其实还是有默契的，只要他们工价每年能涨一些，我们就有更多的底气，也可以更好地做工作。如果有某些工人不满意，我们除了帮他们反映情况外，还要做他们的思想工作，希望他顾全大局，服从多数人利益。首先，该厂的职工代表会和他们聊，再不行，行业工会会出面。我们经常会让他们想想以前的情形，工资不但低而且还总拖欠，如今的形势来之不易，希望他们不要再闹了，闹下去谁都没有好处。而且既然老板们都遵守协议，我们工人也应该遵守，不能想变就变。在这

期间，还会有许多工人帮我们劝他们。

在这种默契下，羊毛衫行业的工资集体协商每年进行一次。从2003年6月到2014年8月，羊毛衫行业总共进行了12轮的集体协商，工人工资得到了小幅度的增长。这种增长幅度并没有实现高于劳动市场工资水平的增长，而恰恰匹配了劳动市场工资的平均增长，缓解了因为物价增长等原因带来的实际收入减少的困境，也最大限度地稳定了劳动关系（见表4-2）。

表4-2　12轮集体协商的工人工资平均增长幅度（2003~2014年）

2003~2007年	2008年	2009年	2010年	2011年	2012年	2013年	2014年
5%~10%	12%	5%	8%	8%	10%	15%	6%

六　"温岭模式"的进一步发展

温岭羊毛衫行业工资的集体协商对于地方政府具有非常重要的意义，这种意义不仅体现在劳动关系的稳定上，更体现在其对于社会稳定的正面促进作用上。据当地劳动局提供的资料，2003年举行工资集体协商后，全年上访事件降至17次，总共涉及120人；2004年进一步降至3次，涉及3人；到2005年，全年只发生1次上访，涉及3人；2006年至今，没有发生一次上访事件。羊毛衫行业工价在区域内得到了统一，同时每年都得到了与物价相同比例的增长，这极大程度地稳定了工人队伍。

温岭市政府看到了羊毛衫行业工资集体协商的成效，开始在其他区域推广这项经验。常见的做法是，首先，在一些产业集群聚集的镇成立行业工会，行业工会隶属于镇工会，行业工会主席通常是镇工会官员；然后，行业工会会员会吸纳一定比例的工人代表；最后，行业工会与行业协会定期进行行业工资集体协商，双方签订集体合同（见表4-3）。

表4-3　2007年以来温岭市推广行业工资集体协商的基本情况

行业	行业工会成立时间	覆盖企业数量	职工人数	开展行业工资集体协商时间	行业工资协商轮数
新河羊毛衫行业	2003.8.9	116	10200	2003.8.9	5
新河帽业行业	2004.6.18	129	6000	2004.7.18	1
泽国水泵行业	2004.8.1	25	2200	2004.11.3	4
泽国轴承行业	2005.6.1	25	1800	2005.6.1	3
大溪注塑行业	2004.12.24	228	1253	2006.10	2
松门船舶行业	2005.8.3	16	10000	2005.12.1	2
下蒋制鞋行业	2005.11.29	26	688	2005.12	1

为了能够使工人更好地了解行业集体协商的过程和成果，并更好地稳定劳动关系，羊毛衫行业集体协商开始结合职工民主管理的内容。从2011年开始，工资集体协商与行业职工代表大会同时召开，在职工代表大会上会公告羊毛衫行业实施工资集体协商等事宜，并现场与行业协会签订了《羊毛衫行业工资（工价）协商协议书》。2012年，来自羊毛衫企业的70多名职工代表旁听了双方的签字仪式。2013年，为体现更直接的职工民主管理权力，双方先签订谈成果，然后再由羊毛衫行业职工代表大会通过。这种方式不仅更贴合了国家有关集体合同签订的相关规程，同时是温岭地方政府"协商民主"模式的重要产物。

当然，行业集体协商也不是带来了各方的多赢，小企业依然感受到工价统一后越来越大的压力。在这种形势下，小企业无法负担如此高昂的劳动力成本。在小企业主的持续反对下，地方政府以及大企业主们还是做出了一定妥协。在《2010 年温岭市新河镇长屿羊毛衫行业职工工资（工价）协商协议书》中，规定"企业方在必须在结算后次月 25～28 日支付员工工资，如确因经营困难的，经与工会协商可适当推迟支付时间，但每月必须先支付国家规定的最低工资"。即便这样，小企业在温岭似乎还是生存困难，数量在不断减少。事实上，到了 2014 年第 12 轮的工资集体协商的时候，新河镇的羊毛衫企业数量已经从当初的 112 家减少到 64 家。

七 来自江苏邳州和江苏宜兴的案例

江苏邳州板材行业集体协商以及江苏宜兴的行业集体协商也是全国典型，这两个典型与温岭羊毛衫行业有许多相似之处。首先，这三个地方都处于江浙地区，具有鲜明的依托于村镇发展的产业集群特征，吸引了大量中小企业生产同质化产品。其次，这些地区都已经成立了雇主的行业协会，成立行业协会的首要目的都是避免恶性竞争，统一工价标准以及贸易出口标准。最后，这些地区都是通过行业工会的成立，并通过行业性集体协商最终稳定了劳动关系，三个地方在降低工人流动率以及劳动争议率方面都有显著的成效。

1. 江苏邳州板材行业集体协商

江苏邳州是中国第三大胶合板产地，该市 30% 的 GDP 都由胶合板产业贡献，该产业拥有约 2000 家企业、200000 名工人。21 世纪之交，这个产业面临着来自客户、市场份额、工人的多重竞争压力，尤其面临板材厂商之间的恶性竞争，以及由此产生的大量劳资纠纷事件。与温岭羊毛衫行业一样，为了避免雇主们在劳动力市场招工竞争所带来的负面影响，一些大企业主在 2003 年主动建立行业协会。这个协会组织起行业内约 300 家大中型企业，目的是促进贸易和劳动关系的健康发展，尤其是稳定和规范工价标准。

2005 年，邳州市总工会在拜访行业协会之时，请求协会协助建立邳州胶合板行业工会。市总的一个副主席被任命为行业工会的主席，来自 21 家大企业的工会主席都被选举为行业工会执行委员的成员。这个行业工会覆盖了 748 家企业，总共雇用了约 150000 工人。另外有 50000 工人通过乡镇工会被组织进了行业工会。行业工会和行业协会一起合作，在 30 家大型企业中开展了关于工价标准的调查。基于这个调查和一系列的协商谈判，双方签署了一份行业最低工资协定，在尝试性的前提下，协定覆盖了 60 家企业。从那以后到 2014 年为止，总共进行了九次每年一度的集体协商。

在这九轮的工资集体谈判中，工人的工资水平得到了实质性的提升，工资年均增长高达 23%，在 2008 年更是史无前例地上涨了 33%。而雇主们也从中获益，工人流动率由原来的 60% 下降到不到 10%，板材行业效益年均增长 18%。随着工资集体协商制度的不断发展，其覆盖面也在不断扩大。在 2007 年，双方协商后同意增加工人的代表人数（大部分是工会干部和职工代表）。在 2008 年，他们同意引入 250 名工人作为正式集体谈判会议上的观察团。行业工会对工人利益整合作用进一步加大，而代表性也进一步增强。一位工会领导表示，之所以在最后的谈判环节将如此之多的工人代表纳入其中，一是给工人们一种企业层面的培训，另外也是鼓励他们能仿照行业集体合同的模式在自己的企业里继续进行补充式的集体谈判。

2. 江苏宜兴行业集体协商

江苏宜兴是一个仅有 100 万人口的中等城市，但全市却拥有紫砂壶、纺织、陶瓷等支柱行业，有大量的中小企业以及外地农民工进驻。由于面临着劳动力短缺、工人的高流动率及频发的劳资冲突问题，在市委市政府的支持下，市总决定大力开展行业性工资集体谈判。很有意思的是，市总以往的首要任务是区域性集体谈判，区域性集体协商覆盖所有的行业类型，集体协商的主要的是推动区域内最低工资标准的建立，而如今却转变为行业性集体协商，要求各个行业协会与行业工会进行集体协商。到 2013 年，已有 21 个产业工会开展了产业性集体谈判，这大约涵盖了当地一半的非公企业。

2003 年，宜兴的行业性集体谈判已具备了雏形。宜兴在行业层面出现了职工代表大会，工人代表是由地方工会选出的，以此来保障一线重要岗位的工人都能占据一定比例。起初，行业职工代表大会只是关注平均工资增长的问题。从 2008 年起，他们开始关注行业性标准工资的建立。他们发展出了两个层级的谈判策略，分别采用两种不同的方法。对于那些没有建立工会的小公司来说，行业工会对小型雇主们采用补充性的谈判，以此来保障行业性工资专项集体合同的落实，这被称作 "1 + 1" 模式。对于那些建立了工会的大规模企业（通常是有 50 人以上的雇员），行业工会会指导企业工会与雇主进行一个附加性的企业层面的谈判，以此来争取一种高于行业性工资专项集体标准的更好条件。这被称作 "二元模式"。

宜兴市陶瓷产业提供了一个行业性集体协商的典例。到 2012 年，这一产业已包含了 276 家企业和 26000 名工人，其中大约有 25000 人是工会会员。2002 年，陶瓷行业雇主们成立了行业协会。2009 年，宜兴市总将行业职工代表大会制度进行了重组，成立了陶瓷行业工会，同时行业协会的秘书被任命为行业工会的一位副主席。2010 年，行业协会和行业工会在经历了多轮谈判之后，签订了一份行业性工资专项集体合同。这份集体合同确定了各工种的工价水平，同时也确定了包括男女工人同酬、本地工和农民工同酬原则在内的工资支付原则。在这份行业合同签署之后，还进行了一些以"1＋1模式"和"二元模式"为基础的补充性谈判。

六　讨论与结论

温岭羊毛衫行业集体协商也吸引了许多学者的关注。在相关的研究中，Tim认为温岭行业协商案例是地方政府和工会应对劳工动荡的一项制度创新，从而使集体协商从企业层面上升到了行业层面，具有鲜明的改革意义（Pringle，2011）。刘明巍则在对紧邻新河镇的泽国镇水泵行业集体协商进行研究后，更加认为行业工会可以有效避免雇主在企业层面的干预，具有一定程度的独立性和代表性，从而可以发起多回合谈判的集体协商（Liu，2007）。许多学者通过温岭的行业集体协商看到了工会改革的气息（Lee at al，2015）。

在做完本次案例研究后，笔者承认行业集体协商是一项制度创新，但不认为这是一次地方工会改革，更不认为地方工会有动机和能力来发起行业性工资集体协商。作为一个镇级工会，很难想象它有动力和资源来进行改革。镇级工会是中国工会组织体系中最孱弱的一级工会，几乎是一种摆设，兼职情况比街道工会还要糟糕。新河镇工会甚至连一个专职的工会干部都没有，只有一个返聘退休干部兼职做工会工作，他在后来成为行业工会的主席。不仅如此，镇级工会很少了解工会知识，也不知道工会的历史。许多学者注意到，温岭行业的集体协商完全是"自然状态"下的自发探索，没有得到来自上级工会以及相关法律法规的指引（Pringle，2011；徐小洪，2004）。

中国劳动关系的根本特征在于雇主掌握着工作场所中绝对的权力，对劳动关系事务具有绝对的发言权。任何一项劳动关系制度安排一定离不开雇主的支持，甚至制度本身就是雇主发起的。当然，这种制度的开启赋予了行业工会代表性，即便这种代表性局限在一定范围内，但它毕竟史无前例地来自工人群体，来自一线的工人代表被赋予谈判协商的权利。地方政府和雇主组织通过赋予代表权来形成一种新的利益统合结构，希望重新在自下而上的利益代表以及自上而下的指令指挥之间达到新的平衡（Wen & Lin，2015）。同时，江浙地区独特经济形态所带来的竞争和斗争也为我们提供了理解新河工价集体谈判发展的内在逻辑，并有如下启示。第一，以"小、散、弱、多"为特征的中国私营经济，往往起源于家族作坊式企业，他们以产品数量的扩张为核心竞争力，恶性竞争成为其环境常态，这就注定一些外部性准公共物品无法在体制内部进行供给（如集体声誉、竞争秩序、行业信息等俱乐部产品）。第二，当这种供需矛盾激化时，往往以劳资双方的激烈冲突为表现形式，并伴随着农民工权力意识的觉醒，转换成"相对的弱资本"与"绝对的弱劳动"之间的深刻矛盾和激烈对立。第三，政府和雇主为了维护自身利益必然会在体制外寻求一种有效途径来弥补市场失灵，同时调解劳资矛盾。而劳资集体谈判正是这样一种新途径，一方面能约束雇主恶性竞争行为，另一方面也是一种控制工人行为的有效手段。第四，为了使罢工纳入集体协商的制度轨道，雇主通过行业工会的建立以及行业工资集体协商，化解了团结权对管理权的威胁，成功地把劳资关系界定在经济范围之内，最终使工人群体从"无序抗争"到"有序遵守"。

地方政府依然是主导地区劳动关系制度的决定性力量。[1] 由于行

---

① 企业之间的恶性竞争也损害了政府和地区利益。为了寻求在全球价值链上有更多的利益分配，一方面，政府推动产业升级，鼓励企业进入具有高附加值的研究和营销环节；另一方面，政府也鼓励生产企业组织起来，组成行业协会或商会，推行行业标准，提高准入门槛。

业内的竞争是市场性的，企业之间恶性竞争的风险不断转移到工人身上，并直接带来劳资冲突的爆发以及地区社会的不稳定，这严重影响了地方政府以及政府官员的利益，这也成为新的劳动关系治理机制出台的前提。当然，政府的主导力量也受到雇主利益的影响。一方面，雇主利益受到自身恶性竞争的伤害；另一方面，雇主利益受到劳资冲突的损害，而以发展经济和社会稳定为目标的政府制度设计需要解决这个互为因果的问题。因此，行业协会和行业工会为核心的工价集体谈判机制得到大范围的推广，这既是一种劳动关系治理机制，同时是一种行业管理的机制。

当然，我们也可以看到雇主对于行业工资集体协商的浓厚兴趣。一方面，行业协会的大雇主可以通过工价的上涨来达到淘汰竞争对手、提高市场集中度的目的；另一方面，行业工会可以成为雇主"管理控制体系"的一部分。劳工团结需要遵守纪律的组织，所以这也成为政府和雇主维护制度稳定而利用的目标，工会能够至少部分地，被轻易地转化为一个控制会员实现外部利益的机构，并逐渐演变成"管理控制体系"的一部分（Hyman，1975）。而控制的目的就是通过一个与雇主形成某种潜在依赖关系的工会，主动地把工人的群体抗争转变成对制度规则的遵守，从而在协商的框架中重构双方的冲突，最终构建一种稳定、有序、掩盖剥削关系的内部国家机制。事实上，在唐古拉厂罢工事件后，新河镇再也没有发生过罢工，工人们的焦点早已习惯性地放在行业工会和雇主协会的谈判上，而工人们往往也能从工价的"小步慢跑"中获得满意。满意感的获得基于一种生存伦理，只要剥削不是严重到危害生存，工人的关注点往往是"剩下了多少"，而不是被老板"拿走了多少"（斯科特·詹姆斯，2001）。

第五章

工人发起的集体协商：广东四家 工会直选企业的实践

一 研究背景与研究问题

国内的学者们有一个共识，中国集体协商之所以无法发挥作用或者形式化的根源在于工会制度。宏观上看，工会具有天然的"制度性弱势"，工会作为具有广泛集体行动能力的社会组织成为国家"分类控制"的对象，尚不能成为工人集体行动的组织者，甚至不能成为集体行动的象征（康晓光、韩恒，2005；冯钢，2006）。从微观上看，企业工会被雇主实际掌控，始终无法解决独立性和代表性的问题，工会干部广泛的行政兼职使名义上的集体协商成为实际上"管理者的文字游戏"（Chan，2000）。因此，企业如果不是由工人选举产生的真正工会，就不可能有真正的集体协商，而没有真正的集体协商，就不可能产生高质量的集体合同。

然而，工人运动的形势让工会制度的改革迫在眉睫。一方面，越来越多的罢工工人要求重整工会。2007年盐田国际的罢工工人首次提出"重整工会"的诉求，如今越来越多地出现在罢工工人的口号中，工人们已经意识到建立自己的工会对于保护自身权益的重要性。另一方面，工人的无组织化状态对于政府治理是重大威胁。由于没有制度化的利益诉求和劳资协商平台，政府始终无法形成对劳动关系的源头治理机制，罢工越来越频繁且没有征兆，而"一盘散沙"的群体状态使政府解决罢工的难度也越来越大。此外，对于相当部分的规模性生产企业，尤其是日资企业，开始希望工人能进行自组织，积极建立沟通平台，形成团体交涉的规则，从而获取稳定的生产秩序，减少罢工带来的损失。很有意思的是，当香港商会强烈反对广东赋予工人集体协商权的时候，日资企业联合会却支持工人拥有罢工权。

在劳、资、政三方的变化下，广东出现了越来越多的企业工会直选现象，许多企业的工人通过民主选举推选出能够代表自己利益的企业工会。工会直选得到了广东省党政的肯定。2012 年和 2013 年，广东前后两位省委书记都专门对理光公司进行了考查，并高度赞扬理光企业工会。深圳理光公司是一家拥有 5000 人的日资制造企业。2007年成立工会时，资方推选的主席候选人没有得到工人的认可，在投票中落败。而工人们则选举了一名不在候选人范围内的工人代表为工会委员，其在委员投票中当选公司工会主席。企业行政和上级工会并没有干涉结果，一个完全由工人民主成立的工会由此产生。理光工会成立以来，通过有谈判过程的集体协商实现了工人工资的不断上涨，使工人福利不断提高，而企业方也走出了工人频繁流动和劳动争议不断的困境。该公司的工人流动率只有不到 4%，而同行业其他公司的流动率则在 20%。实行工会直选后，劳资双方也实现了长期的工业和平。2012 年 4 月，汪洋与理光工会进行了座谈，高度评价理光工会，认为理光工会稳定了企业劳动关系，发展了良好的工人自治能力，而这完全是因为工会是民主选举产生的，不但恢复了工会的本来面目，还呼应了广东的社会组织改革。他要求在全省推广理光经验。随后，广东省总工会在深圳召开企业工会建设现场会，要求全省进一步推进企业民主选举工会主席工作，并力争出台《企业工会主席民主选举工作实施办法》。2012 年 5 月，深圳工会宣布启动 163 家到期换届的企业工会直选。2014 年，广东省总工会宣布计划用五年时间实现全省企业工会普遍民主选举产生。

如果解决了工会代表性的问题，集体协商就有了真正的基础，那么这些基于工会直选的集体协商是否在提高工人权益方面真正发挥了作用？它的谈判过程是如何进行的？在没有赋予罢工权的前提下，这种类型的集体协商又是如何做到雇主让步的？这种类型的集体协商是否与西方的集体谈判性质一样？集体协商带来的工人利益增长是否会突破雇主以及政府的底线？

二 研究对象

本次研究挑选了 4 家实现了工会直选的企业进行调研。2012 年，笔者联系了广州市总工会，并来到广州市开发区。广州开发区有一批实行了工会直选的外资企业，这些直选的工会主席之间保持着密切的联系。其中，S 企业最早进行了工会直选，也是开发区和谐劳动关系的标杆，工会主席得到了各方的认可。笔者对该企业的总经理、工会主席、工会委员以及部分工人进行了访谈。

2013～2014 年，笔者与深圳工会进行了课题合作，研究深圳基层工会组织的发展与创新。利用这个机会，笔者深入调研了深圳三家实现了工会直选的企业：Y 企业、L 企业和 X 企业。三家企业也都是深圳工会的模范标杆。Y 企业是一家港资港口企业，2007 年在该企业曾经发生了著名的罢工事件，罢工工人首次提出了"重整工会"的诉求，而后深圳总工会主导了企业的工会直选。L 企业是日资的电子企业，其工会直选的过程完全是自发的，没有受到政府和企业的干预，该企业工会稳定劳动关系的经验得到了广东党政的高度关注和支持。X 企业也是一家实现工会直选的日资电子企业，其工会在集体协商方面拥有丰富的经验并取得了很好的效果，得到了全总集体合同部的推荐。笔者对该企业的日方管理人员、工会主席、工会委员以及部分工人进行了访谈或座谈，并获取了这些企业进行集体协商的文字材料。

表 5 - 1　四家企业基本状况

调研企业	企业类型	所在地	行业	成立时间	员工人数	罢工
L 企业	日资	深圳	电子	1992	4000 人	发生
Y 企业	港资	深圳	港口	1994	2600 人	发生
X 企业	日资	深圳	电子	1999	600 人	发生
S 企业	日资	广州	电子	1997	400 人	发生

三　形成基于工会直选的集体协商制度的结构性条件

国内劳动关系正在经历从个体劳动关系向集体劳动关系的转型，政府主导的自上而下的建构过程和劳动者自发的自下而上的促进过程是转型的两股推动力量，而转型客观上带来了工会以及集体协商等集体劳动关系制度的变化（常凯，2013）。显然，广东基于工会直选的集体协商展示了与以往不同的面目和形象，是这两种力量在珠三角区域的具体劳动关系产物，推动了集体协商制度的另一种前沿走向。

1. 政府

在中国的劳动关系体系中，政府总是扮演一种主导者的角色，它既是规则的制定者，又是具体活动的参与者。而正是由于地方政府长期的经济发展主义偏向，政府更愿意站在雇主一方并积极干预劳动关系，从而使劳资力量长期处于失衡的状态。广东省的劳动关系正在受到这种失衡状态的长期袭扰。一方面，珠三角区域罢工事件数量居于全国之首，罢工已经呈现一种常态化的趋势。一位受访的深圳市下属区的工会干部坦言，当年该区发生的 3 人以上的集体劳动争议事件为 5000 起，平均每天发生 10~20 起。另一方面，地方政府在罢工现场越发手足无措，罢工现场没有人愿意站出来统一工人群体的诉求和表述具体的要求，而政府组织谈判时，也找不到工人代表，政府面对的不是"一群工人"，而是"工人一群群"，即使艰难地产生了工人代表，谈判结果也有可能一次次被工人否决，最终的集体协议迟迟无法形成。在这样的情况下，劳动部门或上级工会不得不出面代表罢工工人与资方进行谈判，强制劳资双方接受，但处理难度也越来越大。珠三角近年来的重大罢工事件持续时间越来越长，2011 年的深圳海量存储设备公司罢工持续了 20 天，创下当时罢工时间的纪录，而 2013 年的深圳先进微电子公司罢工持续了 22 天，创造了新的纪录。

更让地方政府担心的是，劳工 NGO 的蓬勃发展正在不断抢占工人群体的政治空间。珠三角活跃着成百上千的劳工 NGO，许多机构凭借积极和有效的工人法律和生活服务，不但吸引了众多工人的追随和支持，并不断帮助工人传播集体结社的经验。事实上，中央对于一些青年工人不愿意参加工会，然而更愿意跟随劳工 NGO 的现状表达了深度担忧。这些棘手的问题都会让广东地方政府重新思考工会制度，迫切希望工会能够组织工人，改变原子化的劳工状态，鼓励企业工会直选。

与此同时，经过 30 年的快速经济发展，广东的地方政府开始越过资本稀缺阶段。随着资本规模的不断扩大，地方政府在总体注重经济发展原则不变的情况下，开始对不同类型的资本有了不同的态度。由于维稳的压力过大，地方政府对于那些劳动力密集型的企业普遍没有好感，这些企业不但利润单薄，创造不了太多税收，而且还总容易爆发劳资冲突，反而让政府花费了大量的维稳资金。深圳在推行世界500强企业和重点企业集体协商时，一家企业拒绝加入集体协商，并向区委书记告状，结果区委书记直言："像你们这样的不遵守法律企业我们不欢迎！"在海量罢工的过程中，企业方总经理数次要面见深圳市领导，结果都被回绝，并要求企业方与市总工会谈判，并做出实质性的让步。此外，广东省近几年的产业转型也是推动工会制度变革的关键因素，为了迁走劳动密集型企业并引进更多的重工业和高科技投资，劳工政策也必须做出调整，提高劳工稳定性和责任感，促进劳动生产率的提高，便于企业人力资本投资，对于广东形成新的竞争力至关重要。这就必须改变以前压制为主的劳工政策，转向合作型劳工政策，把工人同企业，同工业的控制结构结合起来，以达到更充分的在经济上调动工人积极性的目的（Deyo，1989）。

2. 雇主

在外来资本集聚的广东，有三种主要的资本形态。一类是以欧美企业为主的高科技或金融资本，这类企业的人力资源管理体系发达，智力资本突出且企业利润丰厚，劳动关系比较稳定；第二类是以日资企业为主的先进制造业和现代服务业，这类企业兼具资金、劳动、技术密集型的特点，雇用人数规模较大；第三类是以港台企业为主的产业链低端企业，这些企业以外贸加工为主要经营形式，利润单薄且雇用人数庞大。珠三角越来越激烈的罢工事件以及越来越难的招工问题对三类资本的影响不一。欧美企业并不会受到这种形式的影响，而港台企业受到影响较大，一方面，越来越高的用工成本使其不堪重负，企业利润受到威胁；另一方面，广东的产业转型政策对其充满了敌意，优惠政策被取消，劳动法律也被越来越严格地执行。如今，这类资本正不断进行西迁，搬到劳动力更丰富以及执法环境更宽松的中西部地区。而对于日资企业而言，这种形势既是机遇又是挑战，机遇是地方政府希望这样的资本留在广东，挑战在于这些企业的工人会有更高的期望。这些企业并不刻意规避法律责任，也没有侵害员工权利的意图，它们对于劳动关系的稳定具有更高的需求。

本研究中调研的企业就属于第二类资本。这些企业全部是品牌企业的中国工厂，是母国企业投资兴建的全资子公司，企业生产的产品是整个品牌产品的某个零部件。一方面，这些工厂与品牌企业投资的其他工厂之间形成了相互依存的关系，一个工厂的产品是另一个工厂的原料，并在整体上形成精益管理模式（just in time），追求快速扭转以及零库存。另一方面，罢工会给这些企业带来更严重的影响，一旦发生罢工会导致整个品牌生产的停滞，损失不仅限于该工厂，而是涉及整个工业系统。即便 Y 企业并不是生产型企业，但它属于港口类企业，而港口一旦停摆，这种影响是全局的，企业因此会承受更大的压力。但令人惊讶的是，这些企业无一例外都经历过罢工，而罢工的原因几乎都是工人不满自身的工资收入，即便他们的工资标准符合甚至超出法律标准。实际上，这些案例企业还提供了诸如班车、夫妻住房等一系列员工福利措施。具体到每个企业的罢工原因，L 企业是某车间技术工人不满加班津贴；Y 企业是十年工资不涨；X 企业是社保基数太低；S 企业是受到南海本田罢工潮的波及。而更具讽刺意义的是，一些企业还总被地方政府评选为和谐劳动关系的典型示范企业。

值得注意的是，这类企业的劳动关系中具有鲜明的民族主义色彩，企业的劳动关系很容易转变成一种民族关系，从而引发更大的冲突。尤其对于那些日资企业而言，敏感和复杂的中日关系给他们带来了太大的烦恼。这些日方管理人员来到中国之前就充满了忧虑，日本媒体关于中国反日游行以及骚乱事件的报道，让他们十分担心自己的人身安全，甚至被总部派往中国工作会被认为是"一项危险的工作"。中国各地的日商协会会专门针对新来的人员进行培训，专门培训他们如何与中国人打交道，并更好地保护自己。但即便如此，这些管理者在管理中国工人的时候，正常的指令关系总会被认为是"异族侵略"。我们到一家日资企业食堂就餐的时候，就发现了食堂的黑板上赫然写着"打倒日本帝国主义"、"赶走日本侵略者"的口号。而一旦这些企业发生纠纷，调解的难度也会更大，因为一些尝试进行协调的中方人士总会被冠以"汉奸"的称号。在这种民族主义包裹下的劳动关系中，企业管理方是希望工人自组织的，并进行团体协商，工作场所中的管理关系也会留有更大的自治空间。

3. 工人

如今大部分劳动关系研究都在关注新生代农民工，这个群体规模不断扩大，正在对劳动关系产生结构性影响。然而，学界也长期存在一个误判，认为这些年轻的工人与发起罢工之间存在因果关系，强调年轻工人的高知识性、斗争性以及有组织性，由于善用手机和网络，他们更有能力也更愿意发动罢工。而实际的情况却是，这些年轻的工人在罢工中只是扮演被动和盲从的角色，更多的是"看热闹"，而那些工龄较长的老一代工人以及中基层管理者才是发动罢工的主要人群。这些老工人们自建厂伊始就来到企业，工龄很多都在 10 年以上。在长期的打工过程中，这些老工人不断介绍自己的老乡来到企业工作，并开始有越来越多的夫妻一起在工厂工作。这些工人一般都会选择在厂边的社区租房，并且很多都有了孩子。由于长时间的同事加老乡的关系，工人们之间形成稳定的人际关系，也非常珍惜现在的家庭和社区生活，并形成了培育集体意识以及集体行动能力的土壤。这些工龄较长的工人的经济诉求更强烈，因为他们不仅只是个体的消费，他们需要承担家庭的开销，普遍进入"上有老，下有小"的人生阶段，而物价的上涨会给他们的生活带来更严重的影响，他们对于工资收入状况也会更加不满。因此，他们更有可能成为罢工的实际发起者和积极参与者，并具有更强的罢工能力。

Y企业就是一家老工人占多数的企业，这些老工人历经了企业的快速发展历程，普遍对企业有所不满。当一位企业受访员工谈到自身工资时，说企业刚成立的时候，工资较高，加之港资背景，工人娶老婆很容易，而且很多人的老婆都是教师和护士，而如今企业的年轻工人很难娶老婆，因为工资太低。工人对工资的不满在企业利润不断增长的背景下，会更加愤怒。2003年，该企业集装箱吞吐量总计达到1亿标箱，达到这一指标香港用了36年，而该企业只用了18.5年，这创造了一项港口行业操作新纪录。为了迎接和庆祝这一卓越成就，企业专门在庆典当天奖励每位工人一张300元饭卡和一个纪念茶杯。工人们并没有高兴，却感到阵阵心凉：在他们看来，这1亿标箱的世界纪录是靠自己的辛勤劳动而获得的，自己是企业的"印钞机"。然而在企业发展的同时，工人们的报酬却没有同步发展。捧着纪念茶杯，工人们无奈地相互调侃道："这回咱弟兄们真是'悲剧'了！"事实上，为了表达不满情绪，老工人已经在2007年和2013年分别发动了两次罢工。

由于老工人们对企业经营情况非常了解，企业利润普遍比较丰厚，但工人工资增长与利润增长不成正比，这在激起他们罢工动机的同时，也让工人们觉得企业有钱，可以满足罢工诉求。此外，劳动法对离职赔偿的规定，使工龄长的工人敢于积极参与罢工。他们不仅有更好的领导能力，同时从罢工中的收益也最大，因为如果企业开除他们，必须支付一大笔赔偿，他们都签的是无固定期限劳动合同，通常

能够拿到 2N + 1 的赔偿标准。这在珠三角发生的因为产业升级带来的
罢工浪潮中更为明显，老工人十几年的工龄带来的赔偿可能会抵消他
们因自己年龄大失业后找不到工作的忧虑。而对于发起罢工的另外一
个主要人群——基层管理者而言，他们一方面与老工人有着高度的重
合，许多中基层管理者都是工作年头长的老工人，但另一方面，他们
的工资虽高于普通工人，但也承担了更多的管理责任。由于政府对最
低工资标准不断进行调整，导致了普通工人工资水平的不断上涨，但
也带来了中基层管理者与普通工人工资差距的不断缩小，这引发了中
基层管理者的巨大不满。由于拥有上下级之间的管理权限，这些管理
者具有更强的动员工人的能力，而这种形式的罢工也会更有组织性。
当然，基层管理者对于罢工起到了一种双重作用，如果企业满足了基
层管理者的利益诉求，基层管理者就可以迅速说服和动员工人复工，
而许多企业对付罢工的策略就是分化基层管理者和普通工人。

4. 工会

集体协商的推行最重要的基础在于工人组织化形态的形成，虽然
法律上赋予了工会进行集体协商的代表权，但企业工会并没有足够的
代表性和独立性。如何通过企业工会组织工人，关键在于工会需要工
人自己选举产生，也就是工会民主选举。官方指导的工会组建过程本
身就是民主选举过程，工会法和工会章程都有明确的规定，"工会的
各级领导机关，除它们派出的代表机关外，都由民主选举产生"（《工
会章程》第 9 条）。全总在 1992 年和 2008 年还下发过两个重要的选举
文件：《工会基层组织选举工作暂行条例》和《企业工会主席产生办
法》，用来指导企业工会的民主建设过程。只不过中国大部分的工会
的组建过程都没有严格遵循文件的规定，这些工会的组建过程都把企
业雇主作为组建对象，或者干脆成为一种数字游戏，以致真正遵循全

总文件的工会组建成少数派。而在本研究中看到的企业工会，则是完全遵从工会规章制度、从工人群体中进行选举产生的。为了避开敏感性，地方政府把他们的选举称为"规范化民主选举"，之所以强调"规范化"，意在强调它是遵从既有工会规章制度的。当然，民主选举依然在"民主集中制"的原则下展开，上级机关依然会在关键环节上进行把关。

从工会民主选举的程序上看，强化了三个方面的民主。首先是"会员代表民主产生"。企业一般以车间或部门为单位，按照一定比例（常常规定了一线员工比例）选出工会会员代表，这个过程，没有任何干扰，使得会员代表大会具有充分的代表性；其次是"工会委员民主产生"。在这个环节中，候选人的产生完全放开，并采取自荐、互荐（工友之间可以相互推荐）、组织推荐（上级工会或本企业工会推荐）以及企业推荐等多种方式，并最终由会员代表选举确定，这一点具有重要意义。以往关于工会委员候选人的产生是"上届工会委员会、上一级工会或工会筹备组根据多数会员的意见，提出候选人名单"，完全由上级组织或企业组织主导，民意只是作为征询之用。而现在工会委员候选人名单由工会会员代表通过投票确定，虽然上级组织需要对投票的结果名单行使审查和审核的权力，但这种集中机制毕竟是建立在民主基础上的，而并没有取代和否定民意。最后是"工会主席民主产生"。这个环节采取的则是完全的直接选举形式，工会主席及副主席候选人先由工会委员投票选举产生，候选人再通过会员代表大会进行差额选举，直至最终产生工会主席。工会主席本可以由工会委员会投票产生，却由会员代表大会来决定，这个步骤进一步强化了自下而上的主席产生机制。

从案例企业工会直选的选举结果看，有一个出人意料的结果，工会主席几乎都是企业的中层管理干部（见表5-2）。一般总会推测，工人群体推选出来的代表应该是那种敢于斗争、立场鲜明、出身草根的工人领袖，党政正是担心如果由工人民主选举会带来工人的斗争意愿和能力的泛滥，甚至会带来对体制的攻击。对于这样的选举结果，可能有三个重要原因：其一，工人的选择是理性的，工人们会选择那些有能力、有资源、有地位的人来代表他们，在理念与现实利益面前，工人们显然会毫不犹豫地选择后者；其二，这些工会主席中，很多是部门的管理者，他们有机会接触更多的工人，同时自己部门的工人众多，管理者的权威加上人际互动，很容易使其在工会主席的选举中胜出；其三，这些愿意出来竞选工会主席的管理者的一个共同特征在于，他们在企业中遇到了"天花板"效应，他们已经获得了中方人员的最高职位，在面临职业生涯断层的背景下，工会可以成为其施展才能并获取自身地位的一个重要平台。

表 5 - 2　四家企业工会主席情况

企业	工会主席兼职	性别	年龄	连任届数
L 企业	技术部长	男	48	两届
Y 企业	专职工会主席（之前是公司财务部副部长）	男	42	三届
X 企业	生产部长	男	41	两届
S 企业	市场部副经理	男	42	两届

四　集体协商的过程

由于工人民主性的涉入，工会必须致力于维护和提高工人群体利益，集体协商带来的工资增长是检验工会能力以及合法性的重要标准。这也注定这种类型的集体协商呈现了难得一见的组织间的博弈过程，双方运用了谈判学的理论和方法，这个过程也实现了企业以及工人群体的高度关注和参与。

1. 选举集体协商代表

很有意思的是，虽然几家公司工会都是工人直选的，但在开展工资集体协商的时候，协商代表又重新进行选举。换句话说，并不是工会完全代表工人与企业进行集体协商，为了进行集体协商，工会会组织工人选举协商代表。L 企业集体协商前会通过工会小组推荐，推选出工资集体协商职工代表团成员候选人 16 名，并将候选人情况进行公示，然后召开职工（会员）代表大会，民主投票选举产生协商代表 10 名，由 10 名工会委员会委员和选举出来的 10 名代表共同组成职工方协商代表团（共 20 名），代表团再选出正式协商代表 5 名。选举集体协商代表是一个普遍性现象，它的产生有几个重要原因：其一，工资问题是劳动关系最核心的问题，它需要更多工人的民意支持，这也涉及直选工会自身的合法性，选举协商代表也是工会展示自身民主的一个手段；其二，选举协商代表本身是工会的一种集体谈判策略，为了让雇主接受集体谈判以及在集体谈判过程中让步，工会需要制约雇主的压力，而工人群体对于协商代表产生以及协商过程的高度关注本身就成了一种压力；其三，在具体协商过程中，工会事实上可以成为雇主和协商代表之间的杠杆，并不断调节双方的预期，促成结果的达成。

协商代表的选举一般经过两个步骤，第一个步骤是以部门为单位，按照一定比例选出员工代表，第二个步骤是由员工代表选举出参加集体协商的谈判代表。在这个过程中，代表的选举启用的是自下而上的民主程序，工会组织了整个过程，也有几个关键的控制。首先，工会主席及委员一般会在最终谈判代表中占有几席位置，比如 7 个谈判代表，工会会占 3 个，其中首席代表必须是工会主席。显然，集体协商代表的这种结构有助于达到一种平衡结构，企业工会本质上还是会兼顾雇主和工人的双方利益的。其次，一些企业工会会对协商代表进行审核筛选，避免极端激进员工的涉入。S公司由各科推荐员工代表33人，其中一厂18人，二厂15人，工会组织员工代表的面谈审核，最终推荐了一厂10人，二厂10人参加协商代表的选举，从而筛掉了13名员工代表。

从协商代表选举的结果看，中低层的管理干部成为协商代表的可能性会更大（见表5-3），这里的原因可能在于：其一，中低层管理者有更多的时间与工人群体互动，工人也更加了解；其二，管理的权威感可能会转换成员工的信任感，同时他们的工龄长、年龄大、技术强，这都有利于他们在工人群体中权威的形成；其三，中低层管理者本身可能也对公司政策和工资不满，从而积极参与此事，提高自身权益；其四，他们也会更加了解企业经营管理信息，有利于集体协商结果的达成。

表5-3 S公司集体协商代表的组成

员工协商代表：首席代表由工会主席担任，协商代表经职工选举产生	曹霞经理（首席代表）、冉月明课长、杨晓艳系长、董良系长、程继（女士）
企业协商代表：首席代表由法人担任或书面委托其他管理人员，协商代表由法人指派	陆曙明部长（首席代表）、龙开春高级经理、荒卷经理、阴晓龙课长、王晶系长

2. 收集信息及议题

谈判代表选定后，接下来就要确定谈判议题。由于工人诉求的多样性，谈判议题也必须尽可能具有普遍性，这样才能获得工人的支持，因此实现工人工资的增长是议题最重要的内容。工资增长又分为两种形式，一种是比例增长，一种是定额增长。比例增长是指对所有工人的工资进行统一的比例加薪，而定额增长则指对所有工人工资进行统一的定额加薪，后者突出了工资增长对于基层工人的倾斜，避免了工人之间的差距拉大。从调查的几家企业看，定额增长成为主要的诉求类型，即便在是比例增长，也会区分基层工人和其他员工，基层工人的比例要高于其他员工。不仅如此，加班津贴的增长也常常成为谈判议题。

除了工资增长外，还有其他几类谈判议题，且都与老工人以及中基层管理人员相关（见表5－4）。第一类关乎设置或增加工龄工资。工龄标志着工人工作时间的长短，工人普遍认为工龄反映了为企业贡献的大小，企业应该通过工龄工资为这些工作时间长的员工提供安全感。第二类涉及提高伙食和住房补贴或生活补贴的要求。由于许多工人都是把家庭迁徙过来的，需要租房子和供孩子在城市读书，这无疑大大增加了生活成本；第三类提案涉及管理岗位津贴以及人事制度改革的要求。在S企业的协商提案中，不仅要求为领班、职长等中低层管理干部设置岗位津贴，而且要求人事制度改革，把晋升的权力下放到部门。这些类型的提案也映射了集体协商代表结构中的基层管理色彩，这些中低层管理干部不仅工龄长，而且普遍组建了家庭，希望得到更多的晋升机会。他们以一种"近水楼台先得月"的方式提出了他们和工人群体的诉求。

值得注意的是，提案收集过程困难重重，工人的诉求过于多元化，如何确定最终拿上谈判桌的议题是摆在工会面前的难题。一部分企业采取了自下而上的方式，Y企业先由工人自由地提出议题诉求，然后交由会员代表大会进行投票，投票靠前的议题进入协商流程。但更多的企业议题收集过程并不是由工人群体自下而上地提出，而是协商代表先出一个方案，然后再向工人群体公布。这个程序上的设置是为了避免几个问题：其一，如果发动工人提方案，会带来五花八门的诉求，协商代表难以将其统一；其二，发动工人提方案有可能会带来诉求过高的问题，这样会直接影响协商谈判的成效；其三，诉求过多和过高也会影响企业对待集体协商的态度。所以基于以上考虑，协商代表们会先拟出一个适度合理的方案，然后再告知员工。一些企业的集体协商还采取"内紧外松"的方式，即告知员工的方案中工资增长比例小，但与雇主谈的方案中，工资增长比例高，这样做的目的在于为协商结果留下空间，避免相互妥协后的协商结果低于员工预期。同时，如果最终结果能高于员工预期，则更能树立工会和协商代表的权威性。

表 5 - 4　四家企业集体协商议题

企业	协商议题	形式
L 企业	工资增长、工龄工资、技术补贴	工会征求意见
Y 企业	工资增长、伙食补贴、加班津贴	工人选举
X 企业	工资问题、教育培训和住房公积金	工会征求意见
S 企业	工龄工资、住房补助、管理岗位津贴、人事制度改革	工会征求意见

3. 博弈过程

确定议题后，工人方与企业方参与的集体协商正式开始，并真正具有了以往不曾见过的博弈过程。总体而言，企业依然是占据优势的，他们不仅垄断了真实的经营数据，而且无论在个体能力还是口才上，也远远高于这些工人谈判代表。有的企业为了控制谈判过程，当工人代表坐上谈判桌时，会发现对面的企业谈判代表居然是自己的上司。还有的企业聘请了专业律师坐镇，在这些律师的专业知识面前，工人代表总是显得非常局促。但雇主在集体谈判中的强势绝不意味着工人方会束手就擒，他们也有自己的策略。

首先，工会强调生存的艰难。与企业掌控企业经营数据不同，工会会在工人生活数据上做文章。第一类数据是"生存数据"。生存数据中，CPI 数据是工会最直接使用的数据，CPI 中关于食品、烟酒、衣着等方面的价格涨幅与工人的生存境遇息息相关。值得注意的是，在绝大多数受访的企业中，房租数据是工会一方比较强调的数据，这与已婚工人占多数的企业员工结构有关，这些需要租房的员工对于房租的涨幅极其敏感。第二类数据是"同行数据"。工会会收集人社部门发布的行业以及工种的工资数据。工会还会组织工人打听同行或本地区企业的具体工资数据，工人们利用自己的同乡或同学关系，可以非常顺利地探听到这些数据。第三类数据是"企业数据"。这类数据涉及公司的经营状况、诸如产量以及年度生产任务等。这类数据一般都由公司提供，且比较模糊。这三类数据在工会的谈判策略中是综合运用的，并构成了工会要价的底线、中线和高线。但显然生存数据是工会最重要的谈判数据，这是基于生存伦理的，它在传递一种信号，工人关注的往往是"剩下了多少"，而不是被老板"拿走了多少"，但这种剥削不能严重到危害生存（斯科特·詹姆斯，2001）。在一次集体谈判的过程中，工人代表带了两份盒饭放在谈判桌前，动情地对企业代表说："这是一份没有肉的盒饭和一份有肉的盒饭，我们只是希望我们能吃上有肉的盒饭。"企业代表默默无语并感到内疚，并在随后做出了让步。

其次，利用好集体协商的工人关注，这是工会促使雇主让步的重要压力手段。在进行集体谈判代表的选举时，工会就已经开始大张旗鼓地进行宣传，目的就是动员工人的集体关注，这期间很容易形成一种集体力量，对雇主造成有效压力。而在谈判过程中，"我不能做主，回去问问大家态度"常常成为工人协商代表向企业雇主施压的方式。很有意思的是，集体谈判期间，工人谈论的议题全部集中在谈判的进程中，工人们纷纷为协商代表鼓劲助威，此时管理者们也很少会招惹工人。在一次双方僵持不下的集体协商过程中，×企业工会下发了一个通知，要求所有会员上班时间在一个指定地点"商讨工会工作"。这个通知让雇主倍感压力，其实质是一种变相罢工，企业最终做出了让步。当然，工会利用工人的共同关注很少能够进入真正的动员层面，而更多地停留在口头警告。而一旦发动罢工，工会是无法承担其由此引发的政治责任的，虽然罢工已经成为一种常态，但领导罢工则会使性质发生变化。

最后，工会还会使用一些常见的谈判技巧。比如集体协商代表中的角色扮演。工人的集体谈判代表常常会被分为扮演"白脸"的和扮演"红脸"的。扮演"白脸"者要敢于说话，言辞激烈，率先否定雇主方案，而扮演"红脸"者则往往最后说话，努力保持和气，促使雇主让步。"白脸"者一般由选举上来的工人代表扮演，而"红脸"者则由工会主席来扮演。不仅如此，工会主席常常利用个人关系私下请雇主吃饭，来缓解谈判带来的紧张情绪，同时积极游说雇主做出让步，并努力使雇主相信这种让步对企业发展总体上是有利的。与此同时，工会在集体协商中往往会邀请上级工会作为工人方列席，以增强自身的力量，上级工会也会积极地帮助企业工会。上级工会的加入也会对谈判的力量平衡发挥作用。

有组织力量的谈判注定了其过程中的对立和冲突，协商双方都需要经过多轮的谈判才能达成一致，谈判过程时常充满火药味，吵架和休会成为最为典型的特征（见表5－5）。

表5－5　X公司集体协商的过程

	公司	工会
第一轮	• 公司制定的2011年的工资涨幅目标为15% • 基本工资涨幅＋业绩评价工资＝	• 工会质疑15%的涨幅目标是否为基本工资 • 工会质疑15%涨幅目标的设定基

	公司	工会
	2011 年工资涨幅 ● 根据 CPI 数据，基本工资涨幅设定为 8%，业绩评价工资涨幅设定为 7%（其中 5% 为基本工资上调，2% 为浮动涨幅）	准是什么（希望参考周边企业、同行业水平、确保竞争力而进行设定） ● 工会希望基本工资涨幅部分不用按比例计算，而是定额涨幅较好。因为按固定比例计算涨幅的话，现场员工基本工资较低，涨幅较小，会加大贫富差距，且影响一线员工的干劲 ● 工会不同意公司方案，工会将召集员工代表对公司方案进行说明，收集意见，3 月 21 日提出工会方案
第二轮	● 公司表示需要在董事会协商后，于 3 月 23 日答复	● 工会在公司第一方案说明会后，立即召开员工代表大会，将公司方案向员工代表说明，并总结大家的相关意见，结合实际情况，于 3 月 21 日向公司提出： ● 要求公司将"南海本田"作为此次协商的参考对象 ● 基本工资按 CPI 涨幅进行定额涨浮
第三轮	● 公司没有采纳工会提案，继续用 BMC（行业比较）向工会方继续详细说明 ● 公司将收集到的全国同行业及广东省同行业的涨幅水平向工会展示说明 ● 工会质疑数据可靠性，再次要求公司按南海本田进行比较，也只有南海本田才有可比性	● 工会再次否定公司方案，会议进入僵持局面 ● 公司要求工会于 3 月 28 日提出工会方案
第四轮	● 公司认为平均涨幅 18.5% 已经超过政府指导线，比较困难 ● 一线员工涨幅较大，没有全员涨薪的喜悦 ● 公司不理解最低涨幅及评价部分的比例分配 ● 公司希望工会能够理解预算资源	● 工会按南海本田涨幅基准及萝岗区政府指导线基准，提出按各级别（ABL，CH/T3，XS/T2，X/T1）的调薪方案 ● 坚持按 CPI 涨幅定额涨浮基本工资。平均涨幅 18.5%

续表

	公司	工会
	是工资涨幅的前提条件 • 公司要求更详细说明基本工资的构成部分	
第五轮	• 公司基本同意工资定额调整 • 希望工资调整结构：基本工资 + 评价工资 + 升职升级工资 • 增加生活补贴金额 50 元	• 工会将修订理由、数据及分配比例进行了详细说明 • 明确涨薪对象 • 加薪 = 基本工资（定额）450 元 + 评价工资 • 增加工龄工资 30 元 • 增加生活补贴金额 50 元
第六轮	• 加薪构成：2011 年加薪 = 加薪 + 福利 • 加薪 = 基本工资加薪（定额）350 元 + 评价加薪 + 升职升级加薪 • 福利 = 生活补助 50 元 + 工龄工资 30 元（封顶 250 元） • 基本涨幅：20%。居同行业高位水平 • 加薪对象 • 新入员工：基本工资加薪（2010 年 12 月 31 日后入职人员） • 既存员工：基本工资加薪 + 评价加薪（2010 年 12 月 31 日前入职人员）	

4. 上级工会的角色

上级工会在集体协商过程中发挥了重要的作用。在企业开展集体协商之前，地方工会一般会组织企业工会以及协商代表进行集体协商的业务学习，讲解集体协商的法律法规文件，观摩集体协商谈判的DVD 视频；地方工会除了讲授集体协商的基本程序和方法外，也会重点强调和谐劳动关系对于集体协商的重要性。在针对集体协商代表的培训中，地方工会会引导工人理性理解企业，工人的诉求应该保持在合理的范围之内。不仅如此，上级工会还会直接介入企业的集体协商之中，并常常起到调停和协调的关键作用。

在一家企业的首轮集体协商中，区总工会应邀出席，由于双方对工资涨幅及分配比值不了解，区总工会向双方讲解了工资增长的几种基本方式，经讨论，双方最终确定了工资增长采取"固定值金额＋增幅工资"的模式。在第二轮的集体协商中，企业方提出具体的方案，但工会方提不出具体意见，会后，工会立刻与区总工会联系，请求协助。区总工会要求公司工会就公司提出的方案立刻通报员工，对比与员工预期值的差异，并明确订立劳方的协商目标。在第三轮的集体协商中，劳方首先提出了一个与资方方案相比高出约 5 个百分点的增长方案，但资方难以接受。中途休会后，公司再次提出了两个调整方案，但与劳方目标仍存在一定差距，气氛一度陷入僵持。此时，区总工会重申了工资集体协商的目的与意义，建议双方先就平衡点达成一致，再对增幅比例进行进一步协商。在三方的努力下，谈判气氛得到缓解，资方再次调整了增长方案，增加了特别奖金奖励项目，劳方要求休会通报员工征求意见后再行协商。在第四轮的集体协商中，区总工会领导再次参加会议。劳方对公司方案进行了回应，双方就工资增长比例达成一致，但就特别奖金的计算方式仍存在分歧。区总工会领导在详细了解双方的差异后，进行了协调，建议双方再次进行理性、深入的协商。休会期间，区总工会领导分别对劳方和资方进行了安抚和调节，鼓励双方互利互让。经过协商，双方各退一步，就奖金的计算方式最终达成一致意见，协商终于完满结束。

　　从这一个过程看，地方工会其实成为企业劳资集体协商的第三方：一方面，他劝说企业雇主尊重工人，给予工人必要的工资增长和福利；另一方面，他也要劝说工会理解企业，不要给予企业太大的压力。在这个过程中，集体协商呈现了劳资自治的底色，政府和地方工会不再成为集体协商的主体。当然，这种第三方角色也依然是以政府公权力为基础的，只不过这种公权力对于企业有更大的约束力。企业不得不认真对待来自地方工会的要求，因为它代表"上边"，可以影响企业赖以生存的各种制度政策。而对于企业工会而言，地方工会总体上支持工人的诉求，这不仅是因为满足工人诉求可以更大程度地保持地区劳动关系稳定，同时是因为工人的诉求仅仅是生存层面的。

五　集体协商的结果

由于工人力量的集聚，基于工会直选的集体协商在结果上实现了较大幅度的工资增长，实现了工资与物价增长速度的匹配，并保证了老员工的利益。然而，随着集体协商的深入，工人之间的利益分化凸显，集体协商的越发难以统一工人的诉求，加上缺乏实质性的压力手段，工人群体的"罢工依赖症"风险依然威胁着当地劳动关系稳定。

1. 集体协商短期成效

通过具有博弈过程的集体协商，劳资双方达成的集体合同反映了工人的集体诉求，形成了工会对于企业的压力，也取得了实质的成效。而其中最重要的成果是实现了工人工资较大幅度的增长，尤其是与最低工资标准的涨幅相比。几家案例企业进行了首次集体谈判后，工资涨幅都在15%以上，而此后集体协商带来的工资增长大多保持在10%左右（见表5-6）。当然，如果对于这种形式的集体协商抱有过高期望也是不现实的，它在机理上与西方的集体谈判机制完全不同。工会进行集体协商的信息来源过多集中在CPI和行业平均工资的增长，没有针对也无法获取企业实际经济状况的数据，协商代表更多的是凭借个人的感受在谈判。因此，这种形式的集体协商并没有实现高于劳动力市场水平工资的增长，而只是追求匹配劳动力市场工资水平的增长，实质上是让企业工资增长更加灵敏和紧密地反映市场工资增长水平。

表 5 - 6　四家企业集体协商工资平均增长比例

企业	2010 年	2011 年	2012 年	2013 年	2014 年
L	—	—	15%	10%	11%
Y	2%	10%	8%	7%	8%
X	—	10%	10%	13%	—
S	—	15%	15%	10%	12%

除了工资水平的增长，集体协商也带来了工资结构的变动，其中最重要的是工龄工资的设置或增长。四个案例的集体协商都涉及工龄工资，工龄工资一直是老员工普遍抱怨的问题，随着他们工作年限的增长，如果他们职位上不能得到晋升，他们就只能与新来的工人拿一样的工资，这让他们感到非常不公平，他们认为自己更有技能和经验，对企业的历史贡献也更大，他们理所应当拿更多的钱。因此，工龄工资是这些实现直选的企业工人的核心诉求，这同时符合直选企业的员工年龄特点。与此同时，工资结构的变动还体现在工资固固定金额增长而不是固定比例增长上。工人群体涵盖了一线工人、技术工人、工头以及行政员工，他们之间工资是有差距的，而如果实现统一固定比例的增长，则会带来工人内部收入差距的扩大，而如果实现统一固定金额的增长则有利于缩小这种收入差距，尤其是有利于基层工人的收入增长以及整体工人的团结。

改变规章制度的单边决定过程是集体协商的另一个重要成果。以往的规章制度往往都是企业单方决定的，很少能够考虑到工人的感受。正因为如此，许多企业在颁布规章制度时，反而会促发工人的罢工行为。而集体协商后，企业在制定涉及员工切身利益的规章制度的都会征求工会的意见，评估规章制度对于工人的影响，通过协商来推行制度，从而预防和降低了劳动关系风险。这其中需要特别说明的是，这种变化与工人的组织化密切相关。在工会直选前，分散的工人个体表达往往得不到企业管理者的重视，企业没有能力也不愿意接受如此分散的、数量众多的诉求信息，也只能"一意孤行"地颁布政策。但通过工人群体的组织化，工人个体不同的利益诉求通过组织化的方式进行了内部的过滤和协调，可以使利益表达更加集中、更加有力，因此也更有可能对企业管理政策产生实质性影响。

2. 集体协商的长期分化作用

作为一项基本的企业劳动关系制度，集体协商得到了定期开展。由于这项制度为工人带来了切身利益，工人们对于集体协商也抱有越来越高的期望，期待通过它实现工资的不断增长。然而，与这种不断升高的期望趋势相反，工人对于集体协商的实际成果却越来越不满意。在对三家企业工人的问卷调查中发现，一方面工人的工资确实通过集体协商得到了增长，但另一方面，工人对于集体协商的成果却非常失望（见表5－7）。而L企业的集体协商的工资增长虽然保持平稳，但集体协议通过会员代表大会的比例却在显著下降（见表5－8）。

表5－7　对三家企业关于集体协商效果的问卷调查结果

	Y 企业	L 企业	X 企业
最近两年，您的工资是否通过集体协商得到了增长？（选择是的比例）	97%	98%	96%
工会最近一次集体协商结果，是否达到您预期的工资增长水平？（选择否的比例）	88%	81%	56%

表5－8　L企业集体协商工资增长比例以及会员代表大会通过比例

	2012	2013	2014
工资集体协商增长比例	15%	10%	11%
会员代表大会通过比例	94.2%	90.7%	74.3%

对于集体协商成果的满意度下降的原因，有几个重要的因素。其一，企业没有建立集体协商制度之前，工人长期拿的都是低工资，因此首次的集体协商一般都会带来工人工资较大幅度的增长，这无疑拉高了工人的胃口。其二，工资"只能涨不能跌"的刚性特征给企业带来了越来越大的压力，这种压力也变成了集体协商的阻力，并直接降低了集体协商取得的成果。其三，首个阶段的集体协商解决的是所有员工普遍性的问题，这些问题大多都与劳动法律或最低工资标准相关，具有解决的统一尺度，解决后也能带来普遍的满意。然而，当集体谈判开始解决法定标准以上的利益诉求时，工人内部的不同利益层次开始显现，而作为统一诉求的集体谈判无法满足相当部分的员工。其四，以往工人对待集体协商的态度更多的是将信将疑，而一旦工人的工资通过集体协商的方式确实得到了增长，工人就会积极主动地参与集中，并鲜明地提出个体诉求。而一旦这些诉求得不到满足，他们的态度会变得非常激进。

在受访的企业工会座谈会上，几乎所有企业的工会主席都在抱怨"做工人的工作比做老板的工作难"，他们在说服工人方面要花费更多的精力。L企业工会头痛的是每年集体协商议题的确定，每个人都会找到工会提出诉求并固执己见。企业工会只能召开代表大会投票确定每年的谈判议题，但即便这样，工人们还是不满意。R企业工会主席烦恼的则是集体协商草案如何通过职工代表大会，这位工会主席费劲气力争取来的集体协商成果却总是得不到职工代表的认同，职工代表们在少数几个代表的煽动下，总是投反对票，因为他们"从不排斥工资再高一些"。BM公司的集体协商过程由于意见不统一，导致工会副主席和生活委员相继辞去工会委员职务，使协商进程处于停顿状态，员工也出现不满情绪。

3. 集体协商与罢工依赖症

集体协商作为一项稳定劳动关系的制度同样被企业赋予很高的期望，频繁受到罢工袭扰的企业希望通过自己让利的集体协商制度实现产业和平。因此，许多企业的集体协商协议中除了工资福利的条款外，都会写入禁止员工罢工的条款，比如："乙方郑重承诺在此期间，不以罢工、停工、怠工等方式向公司提出类似诉求"（S 公司集体协议）；"员工有停工、怠工行为，致使甲方生产经营不能正常运行的，甲方可以提前解除本协议"（X 公司集体协议）；"员工旷工，或擅离岗位，或停工，或怠工的，甲方有权依照《L 公司行为准则》对员工进行处罚"（L 公司集体协议）。这些条款都在表明企业希望集体协议能够对工人群体形成实质性的制约力。

然而，集体协商毕竟是一种增加企业劳动力成本的方式，当每年的集体协商不断为企业带来成本压力时，企业有可能变得越来越得强硬。而与此同时，当企业管理者们意识到给予工人太多并准备收起口袋时，工会一方并没有对雇主进行制约的任何办法，工会在集体协商过程中缺乏实质性的压力手段。因为企业工会绝不能发动和领导罢工，这是政治禁忌，如果违反了这一点，将会带来对工会的彻底否定。这成了一个悖论，集体协商本身需要工人集体力量作为支撑，但企业工会却不能领导和支持工人集体行动，集体协商只能靠工会主席们凭借个人"磨破嘴皮子"的游说方式来尽力达成，而这在强势的雇主面前显然是杯水车薪的。现实的情况可能更糟，工人们对于通过集体协商来谈判工资已经失去耐心，转而通过罢工实现工资大幅增长。Y 作为一家实行工会直选多年企业，5 年来通过工资集体协商带来工人工资 58% 的增长，而 2013 年的一场罢工直接带了 30% ~ 40% 的工资涨幅。其他几家企业也都发生了局部的劳工骚乱事件。这种情况被称为"罢工依赖症"，这个名词源于南海本田的劳动关系困境。2010 年南海本田罢工事件后，广东省总工会副主席孔祥鸿亲自担任南海本田劳资协商工作组组长，带领一个工会团队亲自指导该企业民主建立工会并进行了四次的工资集体谈判。然而即便如此，工人们依然数次通过罢工来涨工资。

六　讨论与结论

毫无疑问，基于工会直选的集体协商是近年来劳动关系领域让人欣喜的亮点，它终于有了劳资自治的迹象，实现了工人的高度参与。这种形式的集体协商的基础在于工人组织化形态的形成，工人通过民主选举的方式产生了能够代表自己利益的企业工会，从而主动地成了集体谈判的另一方，自始至终围绕工人立场与企业进行互动。也正是由于集体协商汇集了工人的集体力量，雇主不得不认真对待来自工会和工人的诉求，并与之进行了博弈和较量，而在这个过程中，地方政府始终处在第三方的角色进行协调，并没有实行贸然的干预。集体协商的成果也实现了工人工资较大幅度的增长，尤其是开始与企业经营状况进行了关联，这也体现了共享发展成果的现代社会理念。这是最接近于市场经济标准模式的集体谈判，它有别于行动型集体谈判的关键在于工人的组织是制度化的，使集体协商具有更长的持续性。

然而，基于工会直选的集体协商在取得短期经济成果的同时，也存在工人利益分化以及罢工依赖症的风险。这其中的关键在于，工会民主直选并不意味着工人形成了自己的组织。对于那些不谙世事且总在不断流动的年轻农民工而言，他们还不习惯自己拥有民主权利，投票选举是一件没有意思的事情，投票给谁并不是基于其对候选人深入和理性的了解。因为他们来的时间很短，未来待的时间也不会太长，工会似乎与他们没有太大的关系。这代表了一种普遍现象，整个珠三角的企业依然面临工人高流动率的现实。同时，即便对于那些对工会有期盼的工人而言，他们对于工会的理解也往往过于功利化，工会似乎仅仅只是涨工资的工具，他们缺少基本的组织概念。当企业工会开展活动时，常常会有工人集中入会的现象，而当活动办完后，又会出现集中退会的现象，就是为了不交一个月5元的工会会费。这种只顾享受会员权利，却不尽会员义务的举动对工会是一个巨大的伤害，工会始终无法形成有效的组织基础，没有一批忠诚且稳定的会员队伍，无法建立有效的会员管理体系，从而让本来就没有力量的企业工会更加虚弱。

在失去终端支持的背景下，企业工会的"内在性结构冲突"也暴露无遗。虽然工会是工人民主选举产生的，但它秉承的还是多元立场，在帮助工人争取的同时，还是需要时刻考虑企业的承受力。这不仅是上级工会的政治要求，同时是企业工会干部普遍兼任的现实情况，企业工会具有自下而上民主选举以及自上而下管理权威的双向压力。在许多企业的集体谈判过程中，工会协商代表进入谈判室后，发现自己的上司会作为对手与自己进行谈判。工会委员们作为企业的员工需要屈服雇主的威严；但如果谈判结果不能达到员工预期，则会直接面临员工的责难和谩骂。在这种情况下，企业工会也常常有失控的情况。如一家企业的集体协商过程中，由于无法达到工人要求，一位工会副主席和两位委员当场辞职。在来自企业与工人的双重压力下，只能凭借工会主席的个人能力进行协调和周旋。这也再一次突出了工会主席兼职层次的重要性，工作职位越高越有利于形成协调能力，前者有更多的机会接触雇主，后者则有更多的行政手段控制工人。

但即便如此，工会主席在"左右逢源"中显得非常疲惫。S企业工会主席用一副对联总结了协商的心情"上联：年难过年难过年年难过年年过；下联：事难成事难成事事有成事事成；横批：坐下协商"。他还总结了集体协商的六个必要条件和面临的六大难点，必要条件包括：工会成员要有扎实的业务知识、工会委员自身能力要足够强、明确与资方事前沟通的重要性、谈判过程控制的重要性、取得阶段性成果时要及时通报、适时借用外力很重要。面临的六个困难是：如何让代表有理有据开口讲话、谈判如何始终按自己的主线运行、当资方老板不同意时如何调和气氛、代表们面对员工责难时怎样调节心情、怎样保持委员代表们的内部团结、怎样把握休会机会。

这形成了集体协商的能人主义导向，工会主席的个人能力将决定工会的实际运转以及集体协商的成效，而如果工会主席能力不足，就意味着劳资双方缺少黏合剂，无法形成制度性的平台。这其中最著名的反例就是欧姆的工会直选，由于赵绍波的能力问题，无法领导整个工会班子，工会工作无法正常开展，时常面临工会委员的掣肘，而这也为日后的罢免工会主席事件埋下了伏笔，同时，集体协商机制也迟迟无法建立。而在本研究的几个案例中，工会主席无一例外都是企业的能人，担任高级职务，既能协调与雇主关系，又能做好工人的沟通工作，企业工会委员也大多数是其得力助手。能人治下的集体协商虽然面临诸多风险，却促进了企业劳动关系层次的提高。虽然，Y企业发生了第二次罢工，但与第一次相比，工人显得非常平静，罢工现场既没有横幅和口号，也没有工人发微博和微信来吸引外界的关注，而是等待工会来代表他们谈判，为他们争取合理的利益。在这个过程中，种种迹象表明工会还是得到了工人的信任，而工会也在不到一天的时间内就解决了问题，劳资之间已经形成了初步的规则意识。Y企业的经验也反映在更多的工会直选企业中，只要工会实质发挥作用，这些企业劳动关系总体上就是有序的，工人的情绪也更稳定，解决争端的时间也更短。而工人利益的长期分化以及由此形成的"罢工依赖症"既是工人组织发展不成熟的副产品，也在客观上帮助了工会提高地位，定期向雇主施压，即便工会并没有发起和领导罢工。

第六章
关于中国集体协商制度建构的思考

从标准概念上看，集体协商是区别于劳动者个人与雇主之间的利益谈判，是通过工会这种工人团体组织形式，与资方确定就业条件和待遇的交涉过程。集体协商制度最重要的支点在于工会的组织形态，不同的组织形态会形成不同的集体协商类型和制度设计。西方工会组织形态的不同体现在集体谈判的层次上，分为全国级集体谈判、产业级集体谈判和企业级集体谈判，它们的区别主要在于谈判力量是集中还是分散。工会力量越强大，工会密度较高的国家大多采用全国级集体谈判或产业级集体谈判，而工会力量相对弱势、工会密度不高的国家大多采用企业级集体谈判。但无论采取何种形式的集体谈判，西方工会都以鲜明的组织性为基础，会员规模和会员参与是工会力量的核心来源。

但中国工会具有与西方不同的组织特征和组织形态。作为中国工人群体唯一的法定代表性组织，虽然中国工会拥有全世界最多的会员人数，但其真正的力量来源并不是会员规模，而是其与政治中心的距离。因此，中国工会的组织形态呈现明显的"上强下弱"的特征，与党中央保持紧密联系的全总实力最强，在体制内具有非常高的地位，其领导人也是党的高级领导干部，可以从政治中心源源不断地获取资源和手段。但随着政治距离加大，工会力量会逐渐减弱，尤其到了基层企业工会，则呈现软弱无力的状态。只有认识到这个特征，我们才能排除集体协商制度建设过程中的两种不良倾向，一种倾向是"万能论"，认为中国工会的政治地位高，通过推动集体协商的高层次国家立法以及借用行政力量，就可以迫使雇主行使集体协商的法定的义务；另一种倾向是"无用论"，认为基层工会形同虚设，从而无法开展实质的集体协商，也根本不可能带来工人权益的改善，进而否定中国工会体制。

一 中国集体协商制度的三种类型

看待和完善中国的集体协商制度应该有更系统的视角，保持政治性，发展组织性，一方面，需要进一步发突出上级工会在推动立法和监督执法方面的作用，另一方面也需要加强基层企业工会的建设，弥补组织短板，为此，应该构建包含三个层次的中国集体协商制度。

集体协商类型	制度重点	制度杠杆	制度实施对象	制度等级
政府主导型集体协商	建章立制	法律	全面	重要
行会主导型集体协商	工价标准	行业组织	中小企业	较重要
工会主导型集体协商	工资增长	工会代表性	大企业	最重要

1. 政府主导型集体协商

在这种类型的集体协商中，党政机构成为集体协商实际的发起主体，并通过自上而下的行政力量促使企业雇主签订集体合同，工会在其中成为行政力量的具体载体。由于党政力量的注入使得集体协商的机构非常不平衡，这也决定了集体协商的成果与劳动法律的规定会高度重合，使得国家主导型集体协商的功能体现在两个方面，一方面是要求企业建立集体协商的机制，形成集体协商的环境和土壤；另一方面是成为监督现有劳动法律落实的手段。因此，这种类型的集体协商具有低标准、高强制性的特点。

对于政府主导型集体协商而言，现在需要进一步提高集体协商的法律依据，力争集体协商国家立法的出台。现在国内各省市纷纷出台了集体合同规定或者工资集体协商条例，但集体协商还没有国家层面的单独立法。因此，有必要尽快进行集体协商立法，以配合国家主导型集体协商的推行力度。但是，未来的国家层面的集体协商立法也要避开两个主要误区，一个误区是希望集体协商法能够就集体协商的具体内容做出详细规定，进而细化集体协商的程序、形式和成果；另一个误区是通过集体协商法能够大大促使集体合同签订数量及覆盖面得到极大提升。这两种误区都曲解了集体协商国家立法的根本作用，集体协商立法如果试图将劳资协商中的许多具体问题以法律的形式加以确定，不但会使劳动法律僵化和无法实施，也会侵蚀本应属于劳资双方自由协商的集体谈判空间，使其丧失本质功能。因此集体协商立法根本的目的是推广集体协商的理念，树立各方集体协商意识，培育集体协商社会土壤，这也意味着集体协商立法一定是原则性的和框架性的，而不是具体可操作性的，并应与劳动基准高度重合，把足够的空间留给其他层次的集体协商。

2. 行会主导型集体协商

行会主导型集体协商主要针对中小企业聚集的区域，由雇主行业协会与行业工会进行平等协商，重点围绕工资工价问题进行谈判，并最终形成集体协议。在中小企业聚集的区域，劳动关系的主要矛盾体现在雇主们相互之间的同质化恶性竞争，并由此不断转嫁给到工人身上，是典型的"相对弱资本和绝对弱劳工"之间的矛盾。因此，行业主导型集体协商有两个主要作用，第一个作用是稳定经济秩序，通过集体协商机制促使雇主团结和组织化机制的形成，避免相互恶性竞争，维护区域经济品牌，第二个作用是稳定劳动秩序，通过工价的集体谈判，统一各企业招工工价标准，避免工价不统一带来的损害工人权益的问题。因此，行业主导型集体协商的核心主要是谈标准，通过统一工价标准来稳定秩序。

行会主导型集体协商顺利推行的重点在于雇主协会组织以及行业工会的建设。一方面，对于雇主协会组织而言，其稳定需要依赖于足够的产业集中度，也就是行业协会中大企业的市场份额比例，作为雇主自治组织，大企业的管理权威是保证协会顺利运转的关键；另一方面，对于行业工会而言，最重要的并不是行业工会具有足够独立性，而是要有足够的代表性，即行业工会需要吸收足够的一线工人，并把工人的要求反映到工价标准之中。由于工人的工资获取方式主要是计件的，只要工价标准统一且实现一定程度的增长，工人群体就能稳定，行业主导型集体协商的输出结果并不会对工人产生太大影响，反而会对雇主本身产生大的影响，这主要在于小企业雇主利益会极大程度地受到集体协商成果的侵蚀，工价统一标准会加重它们的经营负担。因此，地方政府在行业主导型集体协商的作用体现在两个方面，一个方面是给予雇主组织成立足够的资源和空间支持，不断推动区域产业集中度的提高，维护雇主组织的自身稳定；另一个方面是监督集体协议的落实，保证集体协商成果得到严格兑现，维护工人权益，维持队伍稳定。

3. 工会主导型集体协商

工会主导型集体协商是比较符合经典集体谈判理论的一种类型，

协商主要在企业层面展开，由代表工人的企业工会与企业行政方就工资、福利、劳动条件等问题展开谈判，并最终签订集体合同。企业主导型集体协商的功能在于，第一，实现工人工资制度性的增长，使工人能够开始分享企业发展成果，从而根本上提高工人满意度，增强企业归属感。第二，企业获得了高稳定性的工人队伍，维持了稳定可持续的生产秩序，大大减少由于劳资冲突带来的损失。这种类型的集体协商主要针对大企业执行，其一，大企业具有更加迫切的稳定劳动关系需求，随着生产规模的不断扩大，生产秩序的中断会给企业带来严重的损失。其二，大企业具有稳定且丰厚的利润，这为集体协商的工资增长带来了足够空间。

工会主导型集体协商建设围绕三个方面展开。第一个方面是企业工会的建设，企业工会一定要摈弃以往雇主化和形式化的建设方式，实现真正的民主选举，成立能够代表工人利益的企业工会和工会主席。第二个方面是关于集体协商具体内容程序的建设，尤其是关于信息披露制度的建设，集体协商需要足够的企业经营数据做支撑。第三个方面是建立集体协商调解的手段，如果劳资双方在集体协商过程中始终无法达成统一意见，应该建立一种仲裁调解机制，以维持制度的稳定。企业主导型集体协商需要避免一个重要误区，集体协商不能仅限于工资一项，而是包含员工福利、就业保障、劳动条件等在内的一揽子事项。工资是由劳动力市场决定的，在增长的同时也可能会下降，而如果工资无法增长或者下降了，则可以通过争取员工就业保障等其他事项来保护工人权益，只有这样，才能综合考虑和利用各方面现实条件，从而使集体协商制度具有可持续性。由于企业工会组织建设已经成为未来工会改革的重心，而工会主导型集体协商也将成为中国集体协商制度建设的突破方向。

二 在规模以上企业推动集体协商
成为制度构建的重点

中国三种类型的集体协商制度有其不同的施行对象和功能效果，国家主导型集体协商强调劳动基准，行业主导型集体协商覆盖中小企业并统一工价标准，而企业主导型集体协商则在大型企业推行并力求工资的制度性增长。由于集体协商制度的支点是工会组织形态，在国家主导型集体协商中，全国总工会组织力量强大并与党政保持紧密关系，而对应的全国性雇主协会较弱，这种集体协商天然具有自上而下的行政属性。而在行业主导型集体协商中，雇主组织力量强大而行业工会力量弱小，长三角一带的行业工会与西方国家的行业工会完全不同，它既不是企业工会联合制和代表制的集合，也不是行业工会单独发展会员的集合，其主要特点仅在于吸纳了一定程度的"民意代表"，而行业工会还是依附于雇主组织的，因此行业性集体协商天然具有行业管理功能。从集体协商的实质来看，只有劳资平衡，才能实现真正意义上的劳资自治，才可能实现真正意义上的集体协商，才能实质性地稳定劳动关系。而如果在企业层面，工人可以通过组织化过程形成与企业雇主相对均衡的力量，基于这个基础的集体协商才能达成有质量的集体合同。企业主导型集体协商应当成为中国集体协商制度建设的重点，一方面，需要通过企业民主建会来形成企业集体协商制度的组织基础，另一方面，企业层面的集体协商注定企业发展和盈利空间才是集体协商制度能够走下去的关键，因此在规模以上企业，尤其是千人以上企业推行集体协商制度更具可行性。

首先，规模以上企业具有稳定劳动关系的内在需求。不同于中小企业，规模以上企业面临最大的问题在于人员的管理问题，由于工人数量的不断扩大，管理的层级不断增多，管理的难度也在不断加大。对于这种规模以上的劳动力密集型的企业而言，管理上一般都是高度集权的，突出自上而下的绝对权威，强调命令和服从。这种强调完全服从的企业文化很容易形成非常严苛的工人管理制度以及中基层管理人员粗暴武断的领导风格，不允许工人有意见，随意呵斥甚至辱骂工人。工人普遍感到不受重视，即使有想法也不愿说出来，在不断挫伤积极性和扼杀组织活力的同时，怨恨和不满也在不断累积。由于管理层级的增多，高级管理者日益远离工作场所，对于工人的不满无从感知，因此一旦发生恶性劳资事件，他们总是非常惊愕，不知道为什么会突然发生这样的事情。因此，规模以上企业迫切需要建立工会来收集工人的诉求和不满，便于企业管理者随时反思和调整管理方针和政策，从而缓解自上而下的权威管理所带来的劳动关系风险。与此同时，规模以上企业对于稳定职工队伍、增强生产的稳定性有着更强烈的需求。

其次，规模以上企业的工人集体利益诉求更为强烈。规模以上企业一般都不会有明显的劳动违法行为，甚至许多企业还是地方遵纪守法的模范企业，在劳动合同、工资以及社会保险等方面都会严格执行国家相关法律，还会提供如宿舍、午餐、班车等工人福利。然而，罢工等劳资冲突事件还是在这些企业不可避免地发生了，究其原因，在于工人的利益诉求不再是以往的"以法维权"，而是在法律规定以上争取更多利益，包括提高工资标准、改善工作条件、缩短工作时间、增加福利待遇等，其触发事件大多具有"增利"的特征，工人早已不满足法定最低工资的标准，而更加关注企业利润的增长是否带来了自身收入的增加，而这些企业也恰恰是那些具有较大市场规模和良好竞争力的企业，企业利润的高速增长和工人工资的长期停滞不前促使工人产生巨大的不公平感，进而只能采取集体行动的方式来表达自身增利的要求。与此同时，相比于中小企业，这些大工厂的生产遵循的是典型的泰勒制和福特制，工人受制于更快的流水线以及更细分的岗位操作，工作强度大且工作内容单调乏味，丝毫没有职业生涯预期，这些都会加重工人的负面情绪。

再次，规模以上企业是工会民主的良好土壤。民主建会取得成功有两个重要的先决条件，一个条件是有一支稳定的职工队伍，另一个条件是选出的工会主席和委员是具有领导能力的工人精英。而规模以上企业一般会具备这两个条件。其一，企业的经营稳定和员工流动率是必须面对的问题，在中小企业推行民主建会会有一定难度，可能今年选举完工会主席后，明年的员工又换了一批，甚至互相都不认识了，这样工会就无法正常运作。曾作为工会民主建会典型的欧姆公司工会换届选举后，由于企业经营状况不佳，不到一年，11 名工会委员走了8 人，75 名会员代表也离职大半。其二，在规模以上企业的大生产体制中，工人的集体意识更强烈。共同的劳动场所，集中的住宿环境，高度同质化的利益诉求，大工业所要求的协作精神和纪律都使得工人自发地产生集体意识，而这种集体意识恰恰是建立工会最重要的推动力。以往在罢工事件中要求"建立工会"和"重整工会"的，往往都是规模以上企业。其三，规模以上企业也是孕育、培养工会积极分子的土壤。工会作为层级组织，工会主席除了拥有工人立场和工人情感外，还必须具备相当程度的管理能力和领导能力，而能力越突出，工会发挥的作用就越大。显然，拥有大量中基层管理干部的规模以上企业更有利于民主建会过程中工人精英分子的脱颖而出。在对深圳市169 家民主建会示范企业进行问卷调查后发现，新当选的企业工会主席中有 90% 以上是大专以上学历和企业中层以上干部，其中技术骨干占到 70%，在企业劳资双方当中都有较高的威信和亲和力。

最后，规模以上企业具有辐射区域其他企业的劳动关系效应。规模以上企业往往是区域内或行业内的明星企业，其管理方针和政策往往往具有示范效应和连锁效应。在 2014 年深圳市总工会对规模以上企业工资状况的一项调查显示，有 58% 的规模以上企业近一年的工资增长给本区域内同行业的其他公司造成了压力。一方面，规模以上企业实行了民主建会和工资集体协商制度，并在稳定工人队伍以及提高劳动生产率方面作用明显，这样就会让区域内其他企业群起效仿，根本上改变对工会和集体协商的看法；另一方面，规模以上企业的工人工资增长明显带来区域内其他企业工资增长的压力，后者不但面临工人跳槽和流失的问题，还会有工人罢工要求涨工资的风险。在正反两方面的效应下，这些企业的工资水平会不断上涨直至区域内趋同，并最终稳定区域内劳动关系。

三　关于集体协商调解手段的辨析

从集体协商的具体过程看，劳资双方在进行协商的过程中，由于利益分歧，一定会互不相让，这时双方都需要有一种震慑性手段来迫使双方相互让步，最终达成一致。这种震慑性手段对于工人来说就是罢工权，对于企业来说就是闭厂权，这是集体协商制度中不可或缺的一部分。在现有中国劳动法律中，关于集体合同的争议问题，《劳动合同法》第 56 条规定，"因履行集体合同发生争议，经协商解决不成的，工会可以依法申请仲裁、提起诉讼"。这条法律规定只是规定集体合同缔结后的履行问题，但并没有提供集体合同形成过程中双方利益争端的解决机制问题。

因此，如何建立震慑性手段是集体谈判制度的重要内容。由于中国资强劳弱的既成事实，学界一直在讨论罢工权的立法问题，并形成了广泛争论。争论集中在中国有没有罢工权以及罢工合不合法的问题。在 1975 年宪法和 1978 年宪法中，明确了罢工自由的条款①，而在 1982 年第五次全国人民代表大会修改宪法时，把该条款删除了。②"合法论"者认为宪法取消了该条款并不意味着罢工不合法，没有法律明确规定禁止罢工，相反在工会法第 27 条中有明确规定"企业、事业单位发生停工、怠工事件，工会应当代表职工同企业、事业单位或者有关方面协商，反映职工的意见和要求并提出解决意见"，这里的"停工、怠工"实际上就是指罢工，法律实际认可了劳动者罢工的合法性（常凯，2004）。而"违法论"者则从实践影响出发，认为中国现实中的罢工违反了劳动合同契约，既是违约行为，也是违法行为，而且是集体违法行为，罢工造成了工业秩序的混乱，低成本的违法容易造成更大程度的蔓延（董保华，2012）。在有关罢工的各种讨论中，有三个主要误区。

第一，罢工被认为是个体权利，而不是一种组织权利，也就意味着工人个体就可以罢工。这种认识不但模糊了罢工的真正意义，也造成了劳动关系各方主体对于罢工的不同态度。罢工的确是一种基本权利，是一种以结社的方式向雇主施压的经济手段，但其本身并不是目的，而是保证集体协商顺利进行的手段，最终可以促成集体协议的签订。因此，在大部分国家，罢工都是一种组织权利，必须在工会领导下行使。由于罢工是一种破坏性很强的机制，是代价昂贵的和分裂性

---

① 1978 年宪法第 45 条："公民有言论、通信、出版、集会、结社、游行、示威、罢工的自由。"

② 不赞成写罢工权利的人认为：首先，罢工是资本主义国家工人对付资本家、反抗压迫的手段，社会主义国家工人不应该有罢工；其次，罢工不仅影响生产，还会影响社会秩序、安定团结，对"四化"建设不利；最后，资本主义国家也不是随便可以罢工的；对付官僚主义可用其他手段，而不必采取罢工的方法。在宪法修改第三次全体会议上，胡乔木解释说，由于工人和国家的利益是一致的，罢工不符合全体人民的利益，所以，罢工自由的规定不予保留。参见《宪法修改委员会秘书长胡乔木在宪法修改委员会第三次全体会议上的说明，1982 年 4 月 12 日》。

的行动，不仅给雇主和工人自身造成损失，而且可能危及第三方利益，带来较大的负面经济影响和社会影响。因此市场经济国家对于罢工普遍采取审慎态度，对立法提出很高的要求，并不适用"法无禁止即自由"的原则，只承认由工会组织的罢工为合法罢工（董保华，2012）。而即便是工会组织的罢工，也必须经过复杂的法定前置程序，包括罢工前必须先经过调解、仲裁程序，罢工表决程序，将罢工决定提前告知雇主及相关部门等。正是因为普遍把罢工视作个体权利，导致了罢工权立法一直处于针锋相对的争论。从劳工立场看，由于企业工会的形同虚设以及政府劳动执法的缺失，罢工是工人个体维权的"最后手段"，如果法律得以明确，罢工则是一种合法的拒绝工作行为，可以有效地争取和维护自己的权益。但政府和企业很难接受这个立场，一方面，无法区分工作场所劳动纪律和侵犯权益之间的界限，罢工是依据法律标准还是工人的心理标准；另一方面，如果出现罢工事件，政府就不能干涉了，否则就是违法。而如果认识到罢工是工会组织的，罢工的目的是缔结集体协议，并最终稳定劳动关系，相信政府会有另外的认识。

第二，把罢工权仅作为孤立的权利来考虑，可以脱离工人集体组织的依托。国内关于罢工权立法的呼声和建议很多，但大多绕开了工人组织问题。在工人没有形成集体组织的基础上，赋予罢工权其实并没有实质意义。为了规范此起彼伏的"野猫罢工"，越南的工业园区集中的省份也曾经立法赋予了罢工权，并从西方制度中进行学习借鉴，详尽规定了罢工的发起程序以及投票制度。[①] 但令人惊奇的是，

①　罢工前，工会须组织一次无记名的投票，需要取得"经咨询的工人"中75%以上的人的同意。然后，工会行政部门可以提出工人的要求，并通知雇主即将举行的罢工的时间和地方。罢工通知必须在投票决定的罢工日之前5日提交给雇主、劳动部和省工会联合会（陈佩华，2012）。

越南迄今为止并没有举行一起官方认可的"合法"罢工，工人依然各行其道地发动"野猫罢工"，而没有遵循相关的法定步骤。这是一个令人深思的问题，在没有工人集体组织的前提下，罢工权并没有真正的行使主体，也无法成为推动集体协商的震慑手段。退一步说，如果工会在没有形成对工人群体影响力和控制力的前提下行使了罢工权，发动了罢工，一定会面临罢工无法得到控制的局面，罢工过程的秩序失控会形成"乌合之众"现象，罢工的不是一群工人，而是工人一群群，工人群体无法提出统一的诉求，也不会服从统一的纪律，反而迫使罢工的社会化和政治化，进而使事态不断恶化。工人的组织权、集体谈判权、罢工权既是集体劳权的重要内容，又是一个完整的体系，是一个前后逻辑的演变过程，罢工权是为了保障集体谈判权，而工人结社又是集体谈判的组织基础。

第三，力图对罢工行为进行类型化划分，并以此作为罢工权赋予的基础。最主要的一种观点认为，集体劳动争议可以分为权利争议和利益争议，如果是权利争议，应该通过劳动新政部门和司法机关进行介入，罢工是不合法的，而如果是利益争议，则可能包含在合法罢工的范围。这种观点只是在理论上具有可行性，在实际中却不能解决问题。在近期发生的罢工事件中，常常有一类是关于追缴社保的，东莞裕元鞋厂4万名工人罢工的导火索就是几位即将退休的工人发现企业没有给员工上社保。这些罢工事件从表面上看是权利争议，是围绕法律标准的诉求，但深入事件调查后发现，大部分工人罢工的主要诉求还是工资过低，希望通过追缴社保的诉求达到涨工资的目的，其实大部分年轻工人并不关心社保问题。不仅如此，许多罢工事件为了起到动员更多工人参与的效果，罢工组织者往往通过列举企业违法等事实降低工人参与的心理门槛，但最终还是指向追涨工资或者其他类型的利益诉求。因此，在实际的罢工诉求中，很难区分其是权利争议还是利益争议，这些诉求反而更多的是打着权利争议的幌子行利益争议之实，而如果进行了不同的争议机制设置，会起到适得其反的效果，不仅问题没有得到解决，而且可能引发更大程度的事态恶化。

因此，从中国的现实情况看，罢工权立法实际上是一个伪问题。这里的逻辑在于罢工只能是工会组织领导的，并以签订集体协商为根本目的，除此以外的罢工都是非法罢工。但中国基层企业工会普遍呈现形式化和雇主化，缺乏独立性和代表性，这些企业工会并不能承担起领导罢工以及进行集体协商的责任，他们不能或不愿领导罢工。罢工权立法不但不能达到制度上的构想，反而还可能打破现在的状况，通过罢工权立法区分了合法罢工和非法罢工的界限，工人自发罢工就会被确认为违法行为，反而损害了工人的利益，进一步加大劳动关系风险。因此，集体协商的调解手段必须寻找新的思路和路径。

四　构建"企业集体协商—上级工会调解—劳动法庭强制仲裁"的机制

企业层面的集体协商制度将成为中国集体协商制度的未来建构重点，它带来的工人工资的制度性增长才能构成和谐劳动关系的基础，也是工会发展的基础平台。无论是 2014 年的《关于加强和改进党的群团工作意见》（中央 4 号文件），还是 2015 年中央召开的群团工作会议，都对工会基层组织工作提出了要求和期待，工会需要把工人有效地组织起来。而工会组织工人绝不仅仅是程序上的组织，而是应该让工人形成心理上的依赖，这需要两个重要的手段：其一是需要让工人认知到工会与自身利益的关系，有了利益关系，工人才能建立对工会的信任，并不断加深参与工会的热情；其二是需要提供一种集体意识和集体行动力，工会是工人的集体组织，集体性和团结性是工会存在的基础，也是工会力量的根本体现。因此，集体协商制度才是工会最重要的组织工具。一方面，集体协商通过集聚工人的力量，形成了工人的集体关注，培养了集体意识；另一方面，集体协商带来的工资增长，实实在在地增进了工人的利益，这会加深工人对于工会的认识，激发工人参与工会工作的热情。

当然，企业层面的集体协商推行有两个重要的前提，第一个前提在于企业工会的质量，质量体现在工会委员和工会主席的素质和能力上，在工人流动率居高不下的背景下，企业工会的质量决定了集体协商的质量；第二个前提在于实行集体协商的企业需要足够的利润空间。虽然集体协商应该是综合谈判，涉及工资、劳动条件、福利、就业岗位等一系列议题，但集体协商的核心议题依然是工资，而工资的增长则是刚性的，基本上只能上涨不能降低。因此，具有良好经济基础和利润空间的企业才有可能进行有效的集体协商。我们倡导在规模以上企业进行集体协商也是基于这样的前提，但规模以上企业只是必要条件，而不是充分条件，这其中最重要的是需要提升企业工会的质量。上级工会在培育规模以上企业的企业工会方面需要加大力度，一方面需要加强民主建会，将重点放在如何把工人群体中的精英分子推选到工会主席和工会委员的岗位上，有能力、善协调、有情怀的工会主席才是企业工会质量的标准；另一方面帮助企业工会建章立制，加强民主化、制度化、透明化的工会运作，尤其做好工会经费的使用，真正取信于工人。

在集体协商开展前进行集体协商代表的选举工作可以作为一个基础性的制度安排。这种制度安排的本质不仅仅是要进一步加强工会在集体协商中的代表性，更重要的是通过集体协商代表的选举进一步动员了工人的群体参与，形成工人对于集体协商的集体关注，这种集体关注才是工会在集体协商过程中的组织基础，同时是重要的压力手段，它将迫使企业雇主重视集体协商，正视集体协商中的工人诉求，这将为达成有效的集体协议打下良好的基础。这是一种压力手段前置的制度安排，在标准意义上的集体谈判中，压力手段是后置的。这种不同主要在于：其一，市场经济国家劳资双方已经习惯了定期的集体协商，压力手段后置主要是为了促成集体协议达成，但中国大部分企业雇主还不习惯进行集体协商，压力前置的方式有利于雇主建立集体协商意识；其二，压力手段后置将有助于谈判结果实现工人工资高于劳动市场水平，但中国集体协商的结果主要是实现工人的工资匹配劳动市场水平，因此并不太需要较强的压力手段；其三，中国工会并没有形成领导罢工的制度基础和组织基础，只能通过"造势"的方式来形成压力情境。

许多人会把集体协商制度的调解手段作为集体协商制度的重点，认为这个手段不突破，就无法建立真正的集体协商制度，尤其是要求罢工权立法，认为只要工会拥有罢工权，就能顺利推动集体协商。这里面有几个核心问题：其一，企业工会的体制使工会主席和工会会员兼职成为核心特征，工会主席的兼职特征使工会主席必须平衡劳资两方的利益，企业工会并没有激励机制使用罢工手段；其二，企业工会中很难形成会员管理体系，工人希望工会帮助他们争取更多的利益，但完全可能不履行会员的责任和义务，不听从工会指令。在这种情况下，企业工会只能发起罢工，却无法结束罢工，罢工的目的就会发生偏差，更无法指向集体协议的形成。基于此，在集体协商中劳资双方迟迟无法达成一致的情况下，依靠上级工会调解是比较现实可行的路径：一方面上级工会可以为企业工会站台，企业工会受自身位置限制而无法谈的问题可交由上级工会来谈；另一方面上级工会站在政府体制内部，具有调动行政资源的能力，可以形成针对雇主的压力。这种方式表面上是调解，其实会使集体协商过程进一步延续，通过"上代下"的方式，来进一步促进集体协议的达成。

当然，如果上级工会调解不成，则可提交劳动法庭进行仲裁。近年来，由于劳资争议事件日益增多，许多地方法院设立了专门的劳动法庭来审理劳动争议案件，但在集体协商制度的未来设计中，劳动法庭应该担负两个重要职能：第一是集体协议的认证，必须改变现有集体协议通过劳动部门审批的行政化方式，集体协议应当由劳动法庭来认证，认证后的集体协议对双方都有法律约束力；第二是因集体协议达成过程产生纠纷的仲裁，由于集体协议的谈判都是围绕法律标准以上的利益诉求，因此审批的标准应当是"公平、良知以及案件的实际利益"，这就要求劳动法庭在审理这类案件时，应当有三方机构，要求工会、企业代表组织和职业法官的共同参与，并最终由法庭独立做出裁决。裁决为最终决定，一经做出，不得上诉。我们需要再次强调在"企业集体协商—上级工会调解—劳动法庭强制仲裁"的制度设计中，在企业工会具有足够代表性下的集体协商是根本基础，调解是补充，强制仲裁是最后手段。在这个制度中，上级工会调解和强制仲裁制度都是建立在集体协议无法达成的特殊情况下，而无论是在调解还是仲裁程序中，只要争议双方有重新达成协议的任何可能，上级工会和劳动法庭就要停止调解或仲裁，给予双方重启自主性的集体谈判以达成自愿性的集体协议的机会。

附录

XJ 公司工资集体协商实录（八轮）

　　XJ 公司是深圳一家日资独资企业，年产值 3 亿元，员工 800 多人。2009 年，在上级工会支持下，企业职工通过民主选举程序进行工会换届选举，产生了 7 名工会委员，组建了新一届工会委员会，并迅速与企业方开展了工资集体协商。经过 8 轮的艰苦协商，在工资薪酬、保险福利、休息休假等方面，企业工会为员工争取到了核心利益，尤其实现了工资的大幅增长。这是中国企业开展集体协商、签订集体合同的典范，可以作为研究中国集体协商制度的现实样板。

XJ 公司"员工集体合同"协商会议记录

（第一次）

日期：2009 年 12 月 18 日

时间：13：00 ~ 16：00

地点：三楼会议室

员工方出席代表：工会主席（工会首席谈判代表）、工会副主席、员工代表 A、员工代表 B、记录员、翻译员、员工方律师

公司方出席代表： 董事长（资方首席谈判代表）、总经理、副总经理 A、副总经理 B、记录员、翻译员、公司方律师

主持： 工会主席

会议内容：

董事长：1. 会议前请大家关闭手机或调成震动模式，客户来电时，尽量不要离开会场。2. 谈判过程不允许录音，双方谈判后会议记录双方签字确认，希望大家共同努力，相互协作，尽快在短时间内完成谈判。3. 经公司与工会商议由×××来担任工会方面翻译。

主席：12 月 16 日与董事长沟通确定今天下午为首次谈判，相关注意事项董事长刚才也已说明。本次谈判时间为 13：00～16：00，中场休息 10 分钟。

主席：谈判会议现在开始，关于集体合同草案是经过工会委员会谈论及员工代表大会讨论通过（共 9 页），在 12 月 16 日已转给公司（日前已翻译成外文版），如有疑问可以提出（即中外文对照），集体合同共 10 章 50 条，本次谈判每条须经过双方同意，如有疑义请及时提出。

主席：宣读集体合同第一章第 4 条"签订集体合同遵守原则"（工会已知悉，能遵守相关原则），第一章公司方有何要求，可提出，另员工手册未含入本次合同，后续要做专项谈判。

董事长：第一章无疑义，能遵守（但第五条无翻译内容）。

公司方律师：工会是否按条款内容在今日提出，或资方听取工会解释？

主席：目标要求达成一致，这是双方认定的，没有意见，不应花费更多的时间。

公司方律师：资方的决策须经本国董事会确定，今天可能无法回

复相关要求。公司方要一个决定的过程，谈判代表无法一时做出决定。

员工方律师：先说明两点。1. 双方均有谈判代表，按照法律要求必须做出决策。2. 作为资方代表，必须能代表资方，员工代表必须能代表员工，不能交第三方协议（须有法律效应）。

公司方律师：公司章程有规定，谈判方案必须经董事会通过，本次只听取工会意见，需要有一段时间回应。

主席：本次双方代表谈判，对方谈判代表代表不了资方？无法应对？

公司方律师：本次只是听取工会方的建议或意见，需要时间进行答复。

员工方律师：依法规定，只要坐在谈判桌上，双方谈判代表就必须具有决策权。

公司方律师：我想大家在程序安排上存在分歧，本次公司只是听取工会意见，希望理解，后续安排再做决策。

董事长及公司代表：认可公司方上述回答。

公司方律师：需要给资方一个时间研究，今日只是解释一个合同，听取意见，后期回应，先期沟通，如果马上做出答复，存在不合理之处。

副主席：董事长作为公司决策者，应有决策权，现在是工会在关注，是全体员工在关注，希望还是双方观点一致，尽可能达成协议，给员工交待。

主席：工会前期沟通时公司并未提出本次谈判会议只作为工会自行解释，公司谈判代表必须代表资方。

董事长：公司设有投资方（经营委员会），要看相关问题，才能做出回应。

员工方律师：给董事长讲一下中国的法律要求，按中国的法律要求，只要坐在谈判会议桌上，就必须能够决策。中国法律与日本法律在意识方面有冲突，需要前期弄清楚，即现在坐在谈判桌上就必须针对谈判内容做出回应，而不是听取一方的解释。

副总经理 B：我们不是说不决定，是需要一个程序，本次只是听取工会提出集体合同上的要求。

公司方律师：本次做法未违反中国法律规定，《中国公司法》、公司章程均有明确规定，如果未经过董事会自行决定就是违反公司法，如果今日一定要决策，这样就不叫协商。

主席：对于双方都能接受的一般问题集体合同已提出具体条款来谈，来进行沟通，如果都做不了主，就不叫谈判与协商。

董事长/总经理：以前沟通有问题，部分条款未翻译，资方不太明确，本次只是工会提出相关条款，公司后续将进一步明确。

主席：本次提出的相关条款要逐条进行谈判，双方必须做出决策，如有疑义公司可以随时提出。

公司方律师：资方必须对集体合同进行具体分析，需要决策时间，集体合同内容没有问题，工会如果需要明确回复，得选择另一个日期进行谈判。

副总经理：程序理解上有分歧，资方认为工会先提出集体合同问题，后期决策，而工会认为必须要有结果。

主席：此前已与公司沟通，12 月 16 日已提交集体合同给公司并有解释，公司说已研究过，且回复只需要人事副总一个人就够了，流程已事先沟通。

副总经理：是的，这是事实。

公司方律师：翻译都要 2 天时间，且董事会开会也需要时间，诸多问题，须经过董事会同意，不能马上解决。

主席：工会已在 11 月 23 日向公司提交集体合同，到现在已经一个月了。此前也做出过很多次的沟通，资方也应理解。双方应在本次会议之前充分地了解工作。

董事长：未翻译或翻译时和中文有差异的须后续答复，今天是否只回答"YES"或"NO"？?!!

主席：没有否定董事长的问题，只是在谈判之前已与公司沟通过，现在对谈判内容有疑义可以解答，请问董事长是否认可在谈判之前工会与公司所做的努力与沟通？

董事长：认可双方已沟通。

主席：大家出发点一致，在平等协商下谈判，并且只是对重点问题进行协商。

董事长：实际在 11 月 16 日已确认集体合同重点，翻译后是否与中文存在差异？这次会议要就差异先进行确认，确认后下次可以再谈。

副主席：法律条款不应进行讨论，大家都能遵守，针对集体合同有变更、有追加的地方可以进行讨论，否则就要无休止地谈判下去了。

董事长：变更的地方是不是前期沟通时集体合同上划有下划线的重点地方？

主席：是的，但法律法规双方必须遵守。

主席：大家休息 15 分钟。

（14：30～14：45）

董事长：请工会就集体合同做出记号的地方先谈看法。

主席：对集体合同第二章第 7 条要求进行说明（略），公司对此条款是否有异议？

公司方律师：就关于公司修订劳动法等要求应当征询"工会同意"，法律依据在哪里？

主席：须在协商一致的情况下。

副主席：公司方律师是否有公司授权？是否谈判代表？如果有授权就可以代表，如果没有授权则没有过多的决策权！

公司方律师：本人是公司的法律顾问，公司有委托书，要不要看一看？

主席：董事长有何意见？对第二章第 7 条要求说明？

董事长：要求双方有疑义的问题暂先放置，可以后续再议。

主席：此条款有法律依据，作为资方代表，如果对此不理解，请资方谈判代表说出看法。

董事长：有没有必要征求工会同意呢？

主席：中华人民共和国工会法《深圳市实施工会法办法》第 20 条规定有要求。

公司方律师：明确规定，是征求工会意见，并不是要征求同意！工会合理化建议公司会采取，对不合理的地方会协调，但不是要服从工会！

主席：请问龙律师对此有何看法？

公司方律师：关于"征求工会同意"，我想龙律师也是学法律的，也会知道这二字的区别。

员工方律师：首先大家要明确什么是集体合同，集体合同必须"征得工会同意"是对的。

公司方律师：需要有法律依据，如果公司无法做到，也无法答复，希望大家相互平等，互利合作。

副总经理：深圳工会法第 18 条第 4 项"工会是帮助与指导员工与用人单位签订劳动合同"，并不是要工会同意。

主席：这只是其中的一项，第 20 条有明确要求，"市、区劳动行政部门制定劳动合同示范文本时，应当事先征求同级总工会的意见；用人单位拟定劳动合同条款，应当事先征求本单位工会的意见"。以往公司劳动条款的制定并未征询工会，光靠征求意见无法达到合理的劳动法要求，故工会改20条其中的字眼为"同意"，因为公司有先例，如今年2月，"补充劳动合同协议"仅为公司单方面制定霸王条款，已远超法律规定。这里提醒董事长，希望能遵守国家法律法规要求，并尊重工会，同意集体劳动合同的合理要求。

董事长：公司方意见已提出，暂时把此问题留待下次讨论。

主席：第7条有无其他问题（除了"征求工会同意"问题）。

董事长：是的，没问题（除了"征求工会同意"问题）。

主席：关于第三章劳动报酬条款进行说明（略）。

董事长：我公司薪资目前高于深圳市最低工资水平，如果今后深圳市最低工资再增长，是否仅看是否出现差额，还是要在以往的基础上增长？

主席：工资标准目前以法律最低工资标准要求是没有问题，但有关公司今后的发展、员工工龄年限以及工资分配很多问题存在，比如说有员工来了几年了，目前新进的同岗位的员工工资比他还高，这样就会造成老员工心理上消极、工作上怠工的情况。

董事长、副总经理B：公司也认识到了这个问题，到时要补差额，公司目前正在研究，同意主席的观点。

主席：可以给公司考虑及处理此问题的时间。

员工方律师：我刚才说集体合同要比法律规定要高，公司高层要建立集体合同法律谈判意识。

主席：关于集体合同第14条进行说明（略）［但公司发放的工资条未体现加班时间］，目前公司基本能够遵守。

董事长：OK。

主席：集体合同第15条内容说明（略）。

董事长：参照深圳市工资支付条例实施。

副总经理：正常工作时间工资是否等于基本工资？

主席：这个说法不成立，如果是这样，出勤给工资，不出勤不给工资，那休息日呢？希望参照 2009 年 11 月新修订的《深圳市最新工资支付条例》，上面有明确的规定。

副总经理 A：下次再谈，有差距。

主席：集体合同第 16 条说明（略），其中考虑到目前的消费水平，将提高非因工负伤病员工的基本生活保障（正常工作时间工资提高到 70%，法律规定是 60%）。

董事长：公司会考虑，下次答复。

副主席：现在在谈判期间，基层员工的手机短信不断，希望工会能顺利和公司进行谈判，希望公司对合同的字眼上不再纠缠。公司现在存在的问题是同工不同酬，工资差距大，造成公司与员工的主要矛盾，届时会影响生产，作为基层干部能体会员工这种不平衡的心态，希望今日谈判双方拿出诚意，共谋发展。

董事长：关于集体合同，如果是法律规定的，须按法律规定实施。关于集体合同大家都有不同意见，大家共同协商，有些要尽快解决，员工也要有激情上班，这样才会共同发展。

主席：今天耽搁太多时间，只谈成一个问题，主要是公司方彭律师诱导资方观点，有拖延谈判之嫌，造成双方对于谈判程序的理解不一致，导致时间浪费。其实在此之前与资方也进行过多次沟通，双方均表示了要尽快达成一致。

员工代表 A：今天谈判希望双方都愉快地进行，也感谢工会为基层员工争取福利，希望资方尽快在事前考虑清楚，这样才会在谈判桌上有结果产生，谈判也能够顺利进行，这也是基层员工特别希望的。

员工代表 B：我是生产一部的员工，我要说的问题是目前老员工的工资问题，公司太不重视老员工，工资也增长不了，有的新员工比老员工工资都高，老员工目前免不了有消极心态，希望公司高层能解决工资不平衡的问题。

公司方律师：今天不是我决定会议的流程，主要是听取大家的意见，并不是我改变谈判观点，我也有资方委托，是受资方邀请，资方对集体合同谈判也不太明白，也许大家沟通得不太到位，董事长认为本次会议只是了解工会提出的问题而已。

主席：董事长是首席谈判代表，如果由律师引导说不能做决定，不能决策，就会给我们造成错觉，希望下次谈判能融洽一点。

公司方律师：希望从法律的角度来看问题。

主席：我们当然希望从正常条款来进行讨论，律师不能代表资方进行表态或决策，只能提供法律解释。

董事长：希望大家相互理解，作为外方代表，对中国的法律想要全面搞懂是不可能的，所以要有律师的帮助，公司也希望把事情搞清楚，有些问题一时不能解决，需要一个过程。

副主席：公司方律师只能给资方提供法律服务、咨询，但不能代表资方表决或进行决策，希望下次不再耽误谈判会议进行。

员工代表 B：在谈判会议一开始，在资方尚未做出回应时，彭律师一直说个不停，并似乎在代表公司进行决策，使谈判会议进展一时无法进行。

主席：希望大家不要再有这方面的争议，谈判只能由双方首席代表进行决策。

董事长：大家对谈判有不适应的地方，希望相互理解，下次继续。

主席：第二次谈判会议时间定在 11 月 23 日，但现在要确定是上午还是下午。另对相关集体合同有争议的地方，会在正式谈判时找公司进行沟通，下次会议由赤羽董事长主持。

董事长：下次会议安排在 11 月 23 日下午 13：00～16：00。

主席：第二次会议对集体合同相关后续条款及争议点进行谈判，请问董事长是否同意？

董事长：OK。

副总经理 A：小的疑问好解决，但关于"同意"还是"意见"需要时间来考虑。

主席：届时会确认清楚，时间是需要的，但要抓紧解决。

主席：双方代表要对本次谈判会议进行保密，今天先谈到集体合同第 16 条。

散会！

XJ 公司"员工集体合同"协商会议记录

（第二次）

日期： 2009 年 12 月 23 日

时间： 13：00 ~ 17：00

地点： 四楼会议室

工会出席代表： 工会主席（工会首席谈判代表）、员工代表 A、员工代表 B、员工方律师、记录员、翻译员

公司方出席代表： 董事长（资方首席谈判代表）、总经理、副总经理 A、副总经理 B、公司方律师、记录员、翻译员

主持： 董事长

会议内容：

董事长：下午 14：30 为休息时间，关于今天的集体合同，公司方对能解答的尽量给予答复，其次是讨论集体合同工会方与公司方意见不同或有疑问的地方。

主席：今天的第二次会议针对第一次的集体合同谈判，对前 16 条的内容进行解决，有争议的地方再讨论，解决了前 16 条后再进行后续合同内容的谈判，本次会议就是追溯上一次的问题，把第 16 条以前的问题先解决。

董事长：是否对前 16 条内容能答复的开始答复？

主席：是的，能答复的进行答复，未能答复的进行协商。

董事长：OK。

董事长：集体合同第一章，第 1 条、第 2 条没问题，第 3 条要追加一项内容，"遵守劳动纪律作为双方协商的内容"。

主席：集体合同上有具体的条款，为什么在此还是要追加劳动纪律的事项呢？

董事长：牵涉《员工守则》，《员工守则》要重新做（追加到第十章里面去）。

主席：集体合同是工会提出来的，对于公司要追加劳动纪律，不在本次谈判范围之内，但可以提出，抽时间做专项来谈。

董事长：第 3 条要追加劳动纪律，具体会在第十章谈到相关内容。

主席：关于劳动纪律方面，仅一句话，还是很多内容？

董事长：不会很多，比较简单的事情。

主席：第 5 条其实对这方面也有说明。

员工方律师：我说明两点。第一，劳动纪律不适宜在本次谈判会议进行，劳动部《集体合同规定》第 3 条如下："关于劳动纪律不在集体合同谈判范围之内"。第二，集体合同生效条件与劳动纪律生效条件不同，集体合同只要双方首席代表签字即可生效，而劳动纪律则须经职代会或员工代表大会通过。

公司方律师：员工方律师说的第 3 条，并不代表不能谈劳动纪律、规章制度，第 17 条也有规定，奖罚方面也包括劳动纪律，故也属集体谈判范围。

主席：关于劳动纪律，公司可以作为专项问题提出，届时双方可以抽时间专门针对劳动纪律来谈。

董事长：劳动纪律也属于合同，对公司来说也非常重要。集体合同第十章也会有说明，所以得谈下去。

主席：如果增加更多条款，就不在本次集体合同谈判范围之内了。

董事长：不会很多。很简单的内容。

主席：那继续，还有就是第十章会说明劳动纪律的哪些方面？应当增加哪些内容？

公司方律师：就是关于劳动纪律、工资、福利等。

员工方律师：作为深圳市总工会指派的律师，我认为，如果谈过多的劳动纪律内容，不会有相关的法律效果，况且本人参加过多家公司的集体合同谈判，也没有公司在集体合同谈判时专门要谈劳动纪律的，这里只是提醒一下，如果一定要这样，会面临没有法律效力的风险。

董事长：希望到第十章听了再说。

公司方律师：法律有规定，不存在违反法律，劳动部的法律也有明确规定，惩罚只是一个范围，后面还有"等"字呢。总工会在其他企业没有看到谈劳动纪律，就不代表在我们公司不可以谈，本来集体合同就是双方平等协商。工会提出的问题可以协商，那么用人单位也可以提出问题进行协商，总不能单方面进行谈判吧。

主席：董事长刚才说关于劳动纪律的内容没有多少，几句话而已，工会方认为 OK，那就继续下去吧。

董事长：等听到第十章的内容再讨论吧。

董事长：集体合同第 4 条第 1 项到第 4 项没问题，但需要增加第 5 项，"维护正常的生产与工作秩序"。

主席：OK，没问题。

董事长：继续第5条，第5条"应当与工会协商一致后"改为"应当征询意见或经过职工代表大会协商"。

主席：劳动法有定义，是与员工代表或工会平等协商，协商并不是征询意见。

董事长：我方律师认为，法律上并未说"一致后"。

主席：那就把按法律条款，应当与工会协商一致后改成"平等协商确定后"，把"一致"改成"确定"。

董事长：OK，没问题。

董事长：继续第7条，第7条里面"应征得工会同意"应改为"征求工会意见"，另外此段话里面的劳动合同可以选两种（一是劳动合同范本，二是劳动部推荐的），把里面公司和员工自行拟定的删除。

主席：除范本外，公司追加的内容须与工会平等协商确认后，与上第5条修订的那条一样。

董事长：OK，没问题。

董事长：集体合同第8条OK，第9条OK，第10条OK，第11条要加依照《员工守则》与《劳动法》执行。第12条OK，第13条修订"则公司根据实际情况，但不低于最低工资标准"。

副主席：以往公司的做法是在调准最低工资标准时把老员工绩效挪到底薪里面，就造成新员工与老员工工资一样，这就是目前公司薪资调整最大的问题。

副总经理A：心情可以理解，第13条讲的是最低工资，并不是全体员工都会挪动。

主席：怎么不可能？

副总经理A：新员工工资与老员工工资是另一个话题。

主席：但这条是直接相关联的（关于深圳市工资支付条例，增长最低基本工资水平时，工会会要求整体补差额）。

副主席：公司以往的做法是随意调动、随意变动工资。

主席：公司不仅仅要满足法律底线要求，全员涨工资应提高差额幅度，而不是仅仅局限于法律底线。

副总经理 A：最低工资不是公司说了算的。

员工代表 A：公司提出的本人非常不理解，比如说，老员工来了五年，底薪 850，绩效涨了 50，现在来的新员工底薪 900 元。如果要调整最低工资标准，公司就把老员工绩效放在底薪里，与新员工一样，你认为合理吗？

董事长：整体调整与最低工资是两回事，第 13 条是讲最低工资，全体调整是另一话题。

员工代表 A：实际上是同一问题。

主席：打个比方，如 2008～2009 年深圳市最低工资水平有变动，应调整老员工一起变动，而不是变相把老员工绩效工资挪到基本工资里，要避免不合理的情况存在。

副总经理 A：确认一下，今年与明年最低工资标准是调整 100 元，还是全体调 100 元？

董事长：公司对于政府法律是有规定的，公司会依规定进行变动，整体调整是另一问题，公司会另行研究。

主席：最低工资标准应当遵守，深圳市根据当地消费水平调整最低工资水平，老员工的工资应当同时提升，并不是用绩效或其他名目使最低工资保持在法律底线，与新员工一样，这样对老员工很不公平。比方说，新进员工最低工资水平是 1000 元，老员工目前是 1000 元，绩效 100 元，而政府的最低要求 1100 元，那么新员工调整为 1100 元无疑义，但对于老员工的工资，公司会把绩效 100 元挪到底薪里面，实际也是 1100 元，也满足法律要求，但这样对老员工不公平，所以要求在同等的基础上同时提升，老员工应得到1200元。

副总经理A：对工资不满的差额与最低工资是两个概念，关于差额公司会考虑，但与最低工资标准是两回事。

董事长：我们现在有一份工资数据统计，你们反映的问题也能理解，但这是另一话题，公司会研究。

副主席：我们要的是一起调整。

员工方律师：最低工资增长与年工资增长是两个概念，最低工资是政府考虑的，后续年增长是企业与工会协商的，把此内容放在第13条是合适的。

董事长：最低标准工资差额问题需要再调整数据，如果放在第13条是混乱的。

主席：对最低工资的定义没有问题，但对于差额调整必须要有要求。

董事长：可不可以删除后面那句（关于最低工资差额整体提升）。

主席：不可以，如果争议很大，可以暂缓此问题。

董事长：对于后面一句，要把表达方式改一下，不是很清楚，或单独列出一条进行表达。

主席：没必要单独一条，总之还是要谈的，第13条最后一句就暂缓吧。

董事长：大家休息10分钟，第三章第13条最后一句话后续再议。

董事长：第14条需要改动一下（工资单上不能体现加班时间）。

主席：上次不是已经OK了吗？

董事长：需要改动其中一个地方，就是加班时间，36个小时以上是违反《劳动法》，比如说加班时间50个小时了，能不能不在工资单上体现？不按照劳动法规定的能不合法吗？公司目前在研究加班不超过 36 个小时,故现在工资单上只写金额,不写加班时间。

主席:超过 36 个小时,须经过工会与员工本人同意,只要在集体合同中体现就是合法的,劳动合同法有明确定义。

员工方律师:公司不必顾虑,劳动法第 41 条是规定不超过,但深圳实际多数企业实际情况是超过的,大多数企业都超过标准,如果超过这个时间经过用人单位和员工协商且支付足额的报酬,在劳动行政部门、仲裁都会有法律依据,公司不必顾虑。

公司方律师:36 小时是为保证员工休息而制定的,实际上在深圳大多数企业也都超过 36 小时,但不是说存在就没有风险,深圳有例子,就算工会和职工同意,一经劳动监察部门查处,则会按劳动行政处罚条例每人进行 100 ~ 500 元处罚,有一定的风险,希望还是不要体现加班时间为好。

董事长:还没有一个好的办法,故只体现在加班费用上。

主席:集体合同完成后会送劳动部门审查,法律也有规定,用人单位须征得员工本人同意,集体合同完成后也是要送相关部门盖章生效的。

公司方律师:区劳动部门每年也有抽查,故存在一定的风险。

主席:我们会把集体合同送劳动部门报备,从法律角度上,我们的集体合同也经过劳动部门认可了。

员工方律师:看具体什么条款要求,工会会把关于增加加班时间的内容加入进去,只要征求劳动部门认可即可。

主席:第 14 条关于工资单上要体现加班时间,如果企业要加长加班时间,集体合同上会注明加长加班时间的规定并送劳动部门报备,如果通不过,则按 36 小时实施。如果通过了,则从法律角度上来说等于公开合法了,实际也是为企业规避法律风险。

副总经理 B:公司方律师已经说劳动部关于企业超过 36 小时有处

罚现象，所以说如果工资单上体现加班时间，就等于有了证据。

主席：刚才我讲的是站在公司与员工角度上，说了如果报批通不过就取消（按法律要求），如果通过了，就是合法了，如果都不写，就是明显违反深圳市工资支付条例要求，为什么要隐瞒不报呢？做到合法岂不是更好吗？

副总经理 B：对加班时间规定是不超过 36 小时，如果集体合同规定 36 小时以上，要想合法化有一定的困难。

主席：我刚才是想了一个两全的办法，不要隐瞒，如果通不过就取消，如果通过报批，就不存在法律风险。

副主席：劳动部门如果报批通过了，他们也存在一定的责任风险，包括工会、上级工会、劳动部门都会存在一定的责任，所以只要通过报批了，公司就不会存在过多的风险。

副总经理 B：如果到时出现问题，我觉得到时候劳动部门应该不会承担责任。

主席：是把这问题合法化，这是万全之策，同意就合法，不同意就再做修改。

董事长：那第 14 条 OK，在工资单明细中列出加班时间。

董事长：集体合同第 15 条，根据深圳市工资支付条例是符合我公司现状的。

主席：绩效工资、基本工资、生活补贴等在深圳市工资支付条例里有明确规定，请认真理解清楚，且必须作为加班费基数来算，目前是休息一天就扣除一天的生活与住房补贴（有住房补贴的）。

公司方律师：根据 1990 年的工资组成规定，住房、伙食补贴不构成工资的基数，按法律规定就是这样的。

主席：劳动部发布的最新法律条款有规定，除了用人单位给予的住房公积金不属于工资范畴，房补、伙食补贴都属于工资组成部分，对公司以前的做法怎么理解？以前发放的住房补贴在目前来说属不属于正常工资？

公司方律师：属于。

主席：那我们要追溯以前的加班费计算工资！

公司方律师：……

员工方律师：集体合同第 15 条把基本工资、绩效工资、伙补等做为正常工作时间列为基数，在法律上是合理的，实际请假一天则予以扣除，说明公司将其作为正常工作时间，而在这条款上提出只是延续我们的合法要求。

员工代表 B：休息一天，各项全部会被扣除。

副总经理 A：作为公司方扣除全部，确实考虑不周，连伙食也扣掉也表示吃惊，住宿补贴应该不会扣吧。

员工代表 B：没有补的就没有扣，有补贴的才扣除。

副总经理 A：住房补贴没有补的不扣，有补则扣除，不太理解。

主席：这些都是公司的做法，怎么会不理解？只证明公司没有关心员工。

副总经理 A：那怎么不提报？

主席：现在公司的强压政策，如果没有工会提报，谁人敢说话？

副总经理 A：如果把伙食补贴加入加班计算基数。数额较大，如果没有补贴呢？

主席：只要发放现金就属于工资，不是现金就不作为工资。

董事长：到目前政府也没有明确规定，2009 年才修定。我想很多方面没有做出更好的明确，公司当然也有不合理的地方，也会尽量按照政府规定，如果双方还在小地方纠缠不清，就很难统一双方意见，达成共识，正如某人说的一句话，"不要老看过去的事情，否则没有将来"，所以说公司也必须按合法的加班时间不超过 36 小时进行调整，目前的公司休息也多，假期也多，不管是平均工资还是其他，都想朝好的方向发展，这是公司考虑的问题，作为员工都想加工资，工会都想为员工争取一分钱、一块钱，有公司的存在才有好的发展！希望你们理解！如果公司全部按员工要求，我想半年就会倒闭，希望的是慢慢为员工争取福利，主要还是在一个安定的环境下。作为公司要保障最基本的条件，我们也能理解。如果在正常劳动时间这个问题上答复不了，就会造成更多的问题答复不了。

副主席：公司情况大家都清楚，我们提出的条件，谈得成谈不成要有依据、讲法律，公司已成立这么多年，公司的福利问题也一直提了很多年了，而现在呢？

员工代表 B：公司对员工也太不关心了！！这是高层管理者太失职！管理太失败了！！

副总经理 A：哪里失职？？

员工代表 B：比如说绩效工资、基本工资等 6 项，请假就要被扣除，居然说不知道！！我这么说不过分吧！！

公司代表们：……

员工代表 B：我是员工代表，现在压力也大，员工心态都不平稳，都在关心谈判进展，希望公司认清目前的形势！

员工代表 B：董事长说到待遇时，总是说慢慢改善，总是没有结果，我也不相信公司所说的这些话！管理层天天开会，去年到今年，一直没有体现对员工的福利，员工要的是在现实中得到，看到公司行动了才会相信！

董事长：去年全世界金融危机知道吧，公司也面临困难。

员工代表 B：今年没有吧。

董事长：可能大家有一些误会，受去年影响，销售额也降了，工作量只有一半，一直到今年 5 月份，从 5 月份以后有一点回升的现象。

但单价涨了 16%，希望各位理解，就公司各方面原因在明年会做一个整体调整。

主席：员工对加班费计算方式要求合理合法化，这只是基本要求而已。并且员工多次提出联名上书，工会也就此事向公司提出邀约协商，但公司一直不理。

董事长：过去的事就不用再提了，现在就说深圳市工资支付条例问题，2010 年起公司会修订一些合法事项，所有按中国法律国情走！

员工代表 B：我们也希望董事长说的往合法化走，但要看到一些实际行动。

董事长：对集体合同条款 17 条以下我说明公司的答复：第 17 条，非因公负伤请病假的基本工资补偿要达到正常工资的 70% 是不可能的，按法律 60% 基本工资支付，探亲假无法律依据。第 18 条，年终奖为 1 个月工资再加评价奖金（全部人员）。第 18 条第 2 点，明年高温补贴只限于部分作业人员。第 3 点，夜宵补贴为 3 元/夜，而不是 5 元/夜，第 4 点，伙食补贴提升到 340 元/月，第 5 点，住房补助按以前的规定。2009 年工资总支付整体增加（框架）7%，是整体 7%，不是个人 7%。

副主席：对于工资增长怎么样理解？是不是有的人多有的人少？

董事长：平均增长 7%，是全体平均。

主席：是整体每人增长 7%？

董事长：是平均，有的人多，有的人少。

主席：比如说有的人增长 10%，有的人只增长 4%，完全由公司评价？

董事长、副总经理 A：是的。

主席：是要在现有工资的基础上增加 7%！

董事长、副总经理 A：你们理解的是整体增加 7%，再加评价？

主席：是的，当然你们愿意给每人在每年提升7%再加评价后再多加工资，是公司的事情。

董事长：今天的时间延长了！19条以后的谈判内容应该很快的。

主席：总结一下今天的谈判结果，第3条纳入第十章谈，第13条（第2点）推后，暂缓！第15条暂缓！第17条，探亲假取消，第16条希望公司能考虑给予70%的生活补贴，如果公司坚持按法律60%走，那工会也就不再坚持，第18条年终奖每年多发放一月工资再加评价奖金。

董事长：关于非因公病假70%的基本工资生活补贴公司会考虑，但希望工会也要考虑工资增长率问题。

董事长：年终奖为2009年的规定，发放一月工资加评价奖金（注意把每年去掉，后续商谈视情况）。以上事宜在下次再谈。

董事长：12月28日（周一）13：00～16：00进行第三次谈判。

散会！

XJ公司"员工集体合同"协商会议记录

（第三次）

日期：2009年12月28日

时间：13：00～17：00

地点：三楼会议室

员工方出席代表：工会主席（工会首席谈判代表）、工会副主席、员工代表A、员工代表B、员工方律师、记录员、翻译员

公司方出席代表：董事长（资方首席谈判代表）、总经理、副总经理A、副总经理B、公司方律师、记录员、翻译员

主持：工会主席

会议内容：

主席：大家好，今天是第三次谈判会议，时间为13：00～16：00，希望双方能尽快达成一致，由于其中一名员工代表请假，目前有另一位作为员工代表。

主席：根据前两次会议进度，目前集中于两个争议点，第15条与第19条，作为合同里面的重点争议事项，希望今天能解决，缓和员工对谈判关注的心态，能有一个好的结果。

董事长：公司也考虑这方面因素，也希望尽早向员工传达第15条与第19条的内容，现在确定的数字可以跟你们传达一下：每人每年涨工资最低7％，7％以上跟评估有关系，2010年6月实行，实施到7月，深圳市最低工资差额浮动每年可能在7月实施，公司会按照深圳市最低工资标准，如有调整，则全员工工资相应调整差额。7％是在基本工资基数上涨7％。

主席：是不是第19条基本工资上涨7％？？

董事长：第15条与第19条是有关联，7％是基本工资的上涨。

主席：第15条6项、第19条12项是吧。

董事长：是现在基本工资的7％，现在工资明细上基本工资的7％。

主席：董事长公布的事项说完了吗？

董事长：伙食涨30元，夜宵补贴5元/夜，正常工作时间的定义是另一个话题。

主席：关于第19条增长7％只是公司单方面想法，做为工会不同意这条，双方还没有达成协议，今天进行协商，如果达成一致，则进行最终确认。

董事长、总经理：OK。

董事长：在富士康公司集体合同对员工只涨3％，而我公司上涨

7%，已经在经营方面有困难了。

主席：关于富士康，我们之前已经知道，富士康与工会之前都会达成一致，我们目前的福利制度与富士康是没法比的，富士康不存在新旧差异，是自动加给，自动上调，且高级员工福利非常优厚，例如课长以上人员满一定的年限都赠送房子，还有季度奖、年终奖，还给几个月的工资，所以说公司没法与富士康比。

董事长：富士康是 500 强企业，公司与富士康是有不一样的地方，但作为工资比例来说可以作为参考。

副主席：没有可比性，员工分几个级别，工资自动调整，我们怎么跟他们比？

董事长：增长 7% 不是最低的意思，刚才讲的食补与夜班津贴，算起来应该是增长 10%。

主席：第 15 条与第 19 条作为重点来谈，希望达成统一观点。

董事长：公司有一个过程，让双方律师先交流一下，进行协商。

主席：双方律师可以沟通一下，现在工会只是在套用公司以往的方式要求现在的加班结算，以前能解释，现在为什么不用解释??

董事长：不太明白？

主席：就是套用以前公司的工资计算方式，请假一天全扣除，现在是出勤一天也应该计算在内，反过来你们就不明白吗？

副总经理 A：上次有谈过，在第 6 条里面，员工请假扣住房补贴，经查清楚并没有扣食补与房补。对于食补一项，连续请假 10 天以上才给扣，而房补应不会扣除。

主席：能确定吗？

副总经理 A：已向后勤部长确定。

主席：现在向员工代表进行确定。

员工代表 B：10 天以上全部扣除，本人没请过一天假。

主席：届时请后勤部长回答。

员工代表 A：请 10 天假以上伙补房补全扣。

主席：可以请后勤部长过来一下，我们当面问清楚。

（后勤部长开门进来）

主席：部长，请求证一下，关于食补、房补是怎样扣的。

后勤部长：只要请假在 10 天以内（按出勤天数计算扣的）房补就不扣。

公司方律师：员工手册上也有说明。

董事长：员工对不满意的地方，可以在员工手册中进行协商修改，在这里讨论不合适，不管怎样，希望协调完成本次谈判，让员工有个愉快的心情上班，对"数字"刚刚说明了一下，我们公司也是按法律要求来做的，老说过去没什么意义，所以说律师之间应有一个沟通，然后再协商。

主席：不是要追究过去，是在现有的状况下规划以后的方向，如果房补没有扣，则不列入计算方式，如果扣就列入，这是最起码的原则问题。

副总经理 A：对于福利方面的问题，公司没有食堂，才有食补，那么请假的是不是要多做一个人的食补，这样不就浪费了吗？福利作为公司经营来讲能扣哪些不能扣哪些，是公司决定的。

主席：扣除也是不合理的，既然有伙补就属于工资。

副总经理 A：如果这样强调，公司只提供吃饭就行了，没必要进行食补。

主席：不能强迫员工去吃，包吃包住是引导员工入职的手段，是员工的选择，公司提供食补是一种福利，但不能强迫员工。

董事长：对于小问题，只是在浪费时间，让两位律师进行一下沟通。

主席：可以让律师进行一下沟通。

员工方律师：没有必要进行沟通，当大家面儿把法律讲清楚，这样会更好一些，不需要意见对立，要考虑合理性、可行性。关于第15条与19条，我认为工会是以前公司的做法延续，如果房补没有扣除，则不计入加班基本工资计算，合情合理，就19条年工资增长的问题，7%与12%～15%差距太大，难以谈拢，公司应考虑员工为公司创造的效益。

公司方律师：要正确区别正常时间及工资的组成，如果是全勤奖呢？是不是也包括正常工作时间工资呢？所以说双方意见存在分歧。第19条经调查，增长比例平均为6%，上海在金融危机下只为1%，如果考虑经营状况基准线是7%，也有可能是负增长，而我公司目前为7%，所以说增长幅度应该不错了。

主席：对于第15条还有什么具体看法？

公司方律师：公司目前均合法化，不存在法律问题。

主席：双方律师观点存在分歧，难以进行沟通，住房补助不扣则不再作为正常工作时间的工资，如果调整计算方法，则作为正常工资计算方式。

董事长：如果工会能理解，公司也能理解，按实际情况，公司也研究了，伙食补今后请假超过10天也不会扣除。

主席：食补今后不做出勤天数算？

董事长：是的。

主席：公司今后不做出勤天数算，伙食标准方面也应进行提升，应从310元/月提升到360元/月。

董事长：刚才是基本工资提升7%，食补涨至340，夜班津贴涨至5元/夜，相当于增长10%，2008～2009年公司搬厂大家知道多少？特别是新工厂装修，公司借了2000万元人民币！营业额也在降低，按以前根本不到涨工资的地步，但是员工到现在没涨多少工资的心情我们也能理解，所以公司目前能省则省，尽量满足要求。

副主席：伙食补贴外包别人 370 元/月，不知是怎么传给我们的！！主席代表员工提升到 360 元不算过分，承包食堂你们花了多少钱？？！！远远超过这个数据。

副总经理 B：你们说食堂问题，也是因为员工不满才解散的。

副主席：包出去 370 元，给员工 360 元就不行？

副总经理 B：？？？……

董事长：关于每人 370 元/月，你们是从哪听来的传言？

主席：是你们开会告诉我们的！员工 340 元能够吗？

员工代表 A：远远不够。

主席：可以进行市场调查，看能否满足每月的员工食补？公司有无调查？

董事长：现在问员工够不够，回复肯定是不够，不管怎么讲，食堂也是员工不满才经营不下去的。

主席：举例：早餐 1.5 元，中午最低 8 元，晚餐最低也要 5～6 元，310 元是以前的补给，能够吗？

副总经理 B：公司作为经营者来说，在其他地方都在逐渐提高，在食补上提高，在别的地方下降，你们能同意吗？

董事长：现在各方面都在上涨！正常工作时间工资，只能是基本工资。

主席：正常工作时间工资不应该存在这么大的差异，更不可能只是基本工资。出勤一天就应该全有，至于公司提到营业额降低，我们不是董事会成员，但我们有相关数据作为参考，对 2009 年有预见性，关于人力资源都有相关数据，还有消耗品方面。相反，人数节省的成本是非常大的，2008 年工资支付每月在 170 万～180 万元。而 2009 年只有 120 万元，这之中有很大的差额。

董事长：你们只是从生产数额方面显示，要是单价变了呢？企业不能看数量，而是要看整体销售额。

主席：因为整体销售额情况不明朗，不能怪员工们有看法，看不到企业的发展，怎能共患难，享受企业的福利呢？

董事长：销售额数据说明（略）。

主席：公司的做法无法体现出对员工福利方面进行的改善，公司从几十人到几百人都没有发展？都没有进步？？

董事长：（写看板）举例材料费上涨，价格降低。

副主席：是依靠员工劳动力的剩余价值来增加企业的利润？？如果材料上涨，单价降低，是否要从员工身上榨取呢？？

副总经理 B：并不是这样理解的。

董事长：就是从生产革新、节约方面考虑在 2009 年增长工资的。

主席：要是从人员减少、效率提升方面来讲，我们应该提出增长 50%！！

董事长：之所以这样才增长 10% 的工资。

主席：今年节约了 128 人去做去年的活。

副总经理 A：但加班费有提高。

主席：跟加班费没关系，只是根据加班折算人数。

总经理：模具费几乎赤字，主席是知道的。

主席：那是现实存在的问题，跟模具费挂不上。举例从去年到今年人数的变化，实际效率提升 30% 左右，生产一部也有产能变化的数据，节省 37 人，生产二部人均效益 48.16%，人员减少 64 人。

总经理：公司还有许多看不到的地方的花费。

主席：我们只是在看看得到的地方，这是活生生的证据。

副总经理 B：比如说装修费成本。

副主席：那还是我们节省的成本。

主席：副总经理不认可经费削减的数据吗？

员工代表 B：简单点，合理就加班，不合理就不加班！

副总经理 A：确认要不要加班，或许是你们的一种威胁！

员工代表 B：不是威胁，是全体员工的想法，不合理，加班就没必要。

主席：不加班应是合理、合法的，第 15 条关于房补、伙食补可以考虑不纳入计算加班费基数，其他项没有任何条件不纳入计算之类。

副总经理 A：这是工会单独的意见？

主席：是工会代表全员提出的协商意见。

公司方律师：每个人都签订劳动合同，且公司都没有强迫对方，劳动合同有规定，相关规定都在劳动合同上体现，且工资也不低于深圳市最低工资标准要求水平，故也不是违法！

主席：但是能够体现法律要求的公平合理吗？

员工方律师：是在公平合理的原则下协调一致的。

员工代表 A：关于第 6 项，要是只还按以前的计算加班费方式，我不加班也是合理合法的。

董事长：第 2 项肯定。

员工代表 A：公司对老员工没有感情，绩效工资一定要加入，以前就是把老员工的绩效工资挪入底薪，且目前老员工时刻面临被公司辞退的危险，本人做了 6 年，没得到任何福利方面的报酬！公司的发展取决于员工的回报，做员工也一样，面临生活的压力，都有担心，公司说一直在发展，而目前我担心我随时会被解雇，要是同样的职位，我在富士康房子都有了，你们摸摸良心，还在 340～360 元纠缠！非常可悲，老员工对加班费计算非常不满，如果这次谈不成，我们保证不了员工不加班，元旦也快到了。

董事长：你们也站在公司的立场上看，是什么理由让你在公司工作了 6 年？

主席：不存在威胁，加班是根据劳动合同规定，并没有要求必须加班。

董事长：作为双方续约有选择权，员工也一样，相互平等。

副主席：董事长的话意思就是不满意就自己走好了，是吧！

董事长：公司条件满足不了，所以有更好的选择权利就去别的公司发展吧。

副主席：就是董事长的这种心态，造就了目前这种状态！

主席：这也可以说是威胁！

董事长：为了公司有更好的发展，双方都在努力，在这样的情况下还长了 10%，如果能够同意，2010 年才可能持续，如果不是去年金融风暴，公司会更好一些，都在向好的方面发展，今年出现员工自由不加班的情况，是不允许的，今天早餐我只吃了 1.5 元，我也是知道的。

主席：员工刚说的不是威胁，劳动合同里面，员工有要求不加班的权利，难道必须要强加？

员工方律师：1. 公司对员工提出不加班很敏感，工会方也做了非常肯定的回答，合理就加班，不加班也是按劳动法规定，不会违法。2. 加班费基数计算：岗位、效绩等是员工的基本要求，工会只是代表，如果不放入，这几项决定不了劳动价值，实际要列为正常工作时间工资，工会要求是合情合理的。

副总经理 A：说到加班，实际上没有加班会给公司造成损失，你们可以换位思考，工作是不是随心情考虑加不加班呢？

主席：有两种声音，一是工会代表建议，二是基层员工要求，目前计算加班费是按照以前的方式，这也是实际问题，希望能合情合理地与公司沟通。

副总经理 A：实际这方面很难控制，对于公司来讲，是在不加班的情况下把事情做更好。

员工代表 B：两人做事，一个人不愿意，另一个愿意，一个人就得到了两人的报酬。

副主席：都没有看到实际问题，很空洞地谈没有意义，今天是要解决问题的，讨论来讨论去没什么意义！

董事长：公司要做有保障的事情，不可以凭心情，今天决定合法就加班，不合法就不加班。

主席：对于加班工资计算标准，工会就是要监督保证公平合理，这也是工会最终的态度！

董事长：公司要在安定的情况下运行，员工如果保证加班，公司也可以考虑。公司也进了好多设备，不愿闲置，在加班的前提下公司也做了计划，要是今天我不高兴就不加班，这种情况下很难计划。

主席：安不安定，取决于工会与公司的认识是否达成一致，用法律来解决问题。双方要有一个界限，没有界限就无法达成一致，工会单方面去掉了后面两项，底线都没有的话就谈不下去了。

副总经理 A：公司方再研究一下。

董事长：公司方希望在安定的环境下，员工也想加班，这样就会好一点。

副总经理 A：现在最好是在加班的情况下。

董事长：现在的计划是取决于正常工作时间工资含多少项目，如果全部按你们的要求，公司会有困难。

主席：我们提议伙食补助增加到 360 元，增加 20 元。

董事长：心情可以理解，但全部按你们的话公司会有困难。

主席：这些都是员工建议，从 2004 年炒粉 3 元到 2009 年的 5 元、快餐至少 8 元。员工代表会议草案时员工提出要 450 元/月，工会经过慎重考虑建议为 400 元/月，而目前谈到 360 元，物价在上涨，希望考虑员工的生存问题。

董事长：我们都知道，听到了，工资增长 7% 也是一种补助吧，如果你们食补要 360 元，那么工资必须下降，希望体谅一下公司，我们已经到了极限。

主席，谈判是没有极限的，把框定死了，还有得谈吗？

董事长：本来就是再没办法再增加的。

副总经理 B：希望工会理解。

主席：董事长的意见呢？

董事长：伙食补 340 元/月，有基本工资，岗位工资作为加班费计算基数，其他不在考虑范围之类，绩效工资有没有更好的解决办法？

主席：当然不同意绩效工资不纳入计算加班费基数内，目前只看董事长决议？

董事长：那下回元月 8 日再开会吧！

主席：顺便问一句，董事长什么时候可以全部决定？

员工代表 B：我们下去没法交差，半个月了都不明白，我们下去怎么跟员工交待？搞不好下去还要挨打！

董事长：……

主席：几天了两个问题一个都没谈成！

员工代表 B：董事长说可以去别的公司，不知道员工听到会怎么想！

董事长：我只是回敬一下你们当时的话，没别的意思。

员工代表 B：我也是提心吊胆，有可能下一个被炒掉就的就是我！

董事长：不会有的事情，这是团体协商，不针对个人。

董事长：下次定在 12 月 29 日下午再谈。

主席：散会！

XJ 公司"员工集体合同"协商会议记录

（第四次）

日期：2009 年 12 月 29 日

时间：13：00～19：30

地点：三楼会议室

员工方出戏代表：主席（工会首席谈判代表）、副主席、员工代表 A、员工代表 B、记录员、翻译员

公司方出席代表：董事长（资方首席谈判代表）、总经理、副总经理 A、副总经理 B、记录员、翻译员

主持：董事长

会议内容：

董事长：最近几天研究了一下，第 15 条关于加班费基数的构成有：基本工资、岗位工资、工龄工资，第 18 条第 4 项增加到 350 元/月（伙食补贴）。

主席：不可能，明确告诉你，加班费基数必须包括绩效工资，我们也是根据公司以前的方法计算出勤方式，为什么反过来就不行呢？

董事长：反过来？是指把以前正常出勤扣掉的部分放进来？

主席：是的。

副总经理 A：正常工作时间工资与第 6 项是两回事，如果说奖金是不是正常工资，我想你们都会说是。

主席：奖金是不是正常工资，要看实际情况，有根据吗？

副总经理 A：可以问一下律师。

主席：我们是按条款办事，也是根据法律公平合理来确定的，按照深圳市工资支付条例，奖金也可以说属于工资范畴。

副总经理A：你们的奖金是工资外给的。

主席：但要有公平合理性，不合理我们也不会强列入加班费基数。

副总经理A：第18条里面有没有正常时间工资在里面，只是你们一方面考虑，并非深圳市工资支付条例规定。

主席：奖金有必然的联系，我们没提到这部分。

副总经理A：这是有扣除与没扣除话题的延伸。

副主席：奖金以前叫绩效工资，只要有请假的就会扣除，深圳市工资支付条例有规定，劳动者的报酬应当属于正常工资。

总经理：因为考虑的是正常基本工作时间工资问题。

主席：有什么理由把绩效工资不列入加班费基数计算方式呢？

副总经理B：这不是固定性质吗？

主席：这是公司以前为了逃避加班费的问题，不是根据生产量，也不是根据营业额，并且绩效工资是出勤一天扣一天！

副总经理A：绩效工资以前是作为基本结构调整。把原来绩效工资改成了奖金，依个人能力发放，这样公司才改的，要是列入计算加班费是很多的。

主席：现在两个月发放绩效奖金，就是在逃避加班费，以前不合理，还要继续坚持下去吗？

副总经理A：公司把基本工资分开就是最低线正常工作时间工资，并不是你们所说的把所有都加入。

主席：那休息一天其他项目扣除，你们怎么理解？

副总经理A：扣除部分是公司的福利，可以扣除，也可以不扣除，在法律上是合法的。

主席：现在讲的是参照原有的基础，参考法律，结合实际情况而定。

副总经理 B：不管在哪里说，基本工资作为加班费基数也是合法的！

副总经理 A：作为公司尽量给员工在福利方面上涨。

副主席：再谈这个就太低级了，以前是公司单方面考虑，现在员工两次联名上书要求列入计算加班费基数，以前公司制定的是霸王条款。

副总经理 A：公司提出的是以法律为基础的，员工提出的是相反方向。

副主席：员工对此事非常关注，公司却从未重视过。

副总经理 B：所有要求全部答应那是不可能的。

主席：但最基本的要求要！

副总经理 A：你们一直在讲合理不合理，你们却一直待在公司，而每年要签订劳动合同的！你们可以不跟公司签！

主席：《就业促进法》是这样讲的，对于在中国领土上的企业，劳动者有就业和选择的权利。如果公司不遵守中国法律，那为什么还要来中国设立公司开厂？你们可以不来！

副总经理：签合同是自己的事情，当然我们也希望按法律要求来。

副主席：我们对此很反感，公司每年都在亏，怎么到现在还在运作呢？

主席：你们说的话是不是对员工的一种威胁？

副总经理 A：并不是要你们辞职，昨天员工说待了 6 年，对公司没抱希望，是可以不签合同的！

主席：社会上强势与弱势，一直由强势说了算，是不是强势永远在理？

员工代表 A：副总经理刚才说我为什么在公司待 6 年，我当然是想看到希望，我不离开的原因是等待你们引咎辞职，你们在公司没做什么成绩，做得太差了！

董事长与副总经理 A 和 B：……

副总经理 A：公司不是说强制性！

副主席：现在的情绪都是副总经理挑起来的！

主席：副总经理的意思是员工不同意这些条款为什么还要在公司工作是吗？

副总经理 A：不是你们所说的意思，想说签劳动合同是根据自己意愿的，并不是强迫的，而且是在对基本工资了解的情况下签订的。

主席：劳动合同法上有国家相关法律法规执行的依据，目前是否有这样执行的？作为劳动者来说有选择的权利，虽然处于弱势，但公司不能以强权来压制，公司的发展是靠员工劳动创造的剩余价值来壮大的，不能说绝对的话！

董事长：不能说对员工好就好，不好就是违法法律，冷静来判定一下，深圳和东莞很多公司所有工资加在一起最低才到 900 元标准，如果我们全部加起来，则在最上的一个层次，一直以来公司是朝上走的，公司装修全部是借来的钱！机器也是贷款买来的，那么公司为什么还要这样做呢？公司希望有一个安定的环境，让员工放心，希望大家要理解，在银行的每一分钱都是要还的，不信可以问财务部长，一部分是还借贷的钱，一部分用于员工改善，公司尽量满足员工要求，把食补提高来回报你们，后期也会慢慢提升。希望理解，并不是完全要符合你们的要求，不太现实，所以昨天经过交涉以后，我们也再做了研究，并不是随意。作为公司有责任让员工安心工作，但要是 2010 年按员工所有要求在执行，公司就要倒闭，你们安心吗？公司也是计划 2～3 年让你们生活过得幸福，如果亏待你们你们愿意吗？我想你们也不愿意，全部按设想是不现实的，如果有好的公司大家也可以选择。

　　主席：我们公司也希望考虑，集体合同谈判最终是要促成目标达成。公司花了时间，工会也花了很长的时间应对，公司在现有的条件下是可以做到这些的，并不是没有规划地跟公司提出集体合同谈判，作为基本条件要让员工有所保障，同时处理劳资关系，相互促进劳资关系，作为工会立场，不想听到副总经理说的那样，劳动合同你愿意签就签，不愿意就不签，这是全体员工不想听到的。董事长解释了公司方面，也要听工会方的，工会方也有数据，而并不是公司所说的，企业要是有亏损，也有理由向工会提出来。工会在合情合理的情况下也会配合公司要求，劳动者是弱势，要是强迫劳动者，会存在不稳定因素。

　　董事长：也要在合理基础上进行，公司借钱的因素你们有没有考虑？

　　主席：公司借了很多钱，这是用于投资，就如贷款买房子一样，也是一边生活，一边还房贷，不能说是亏损。

　　副总经理 A：现在工厂不是我们的，我们是租的。

　　主席：说过这是资方投资，不然投资1000多万能搞什么？

　　董事长：公司要3年内还清银行贷款。

　　主席：并不是为还清银行贷款就一定要牺牲员工的待遇和福利，还贷跟员工福利没有一定关系。

　　董事长：不是给你们降，现在是涨工资！

　　主席：现在物价都上涨。

　　（休息15分钟）

　　总经理：光讨论没什么意义，公司也是达到极限了，你们有什么根据？

　　主席：按公平合理的原则及法律要求，把绩效工资纳入计算加班费的基数，体现公平性。参照2008～2009年工资标准，公司的经营状况、生产效率有所提升，而工资增长幅度不大，目前只是 0.2% 左右，2008 年工资总额 180 万/月，2009 年 120 万元/月，节省了 60 万元，还有人员节约和经费消减，跟公司经营思路是一样的。

董事长：2008 年实际工资总额是 165 万元。

总经理：搬公司花费了很多钱，空调和用电方面开锁都很大，一个月增加了 18 万左右，必须再减去 18 万水电费。

主席：那是因为生产规模扩大，场地的需要。

总经理：是为了更好、更舒适的环境。

主席：这是环境方面的费用，不是增加员工方面的福利。

董事长：这是环境变迁，在客户中的声誉好了，也会产生附加值。

总经理：合理改善是大家都需要改善，去银行贷款投资和节省人工费用等，公司的费用已经发生了，这是事实。

副总经理 B：效率是提升了，但在经营方面要考虑别的因素，如单价的降低。效率提升所节约的成本，在别的方面有用，而公司要统筹规划使用，所以作为公司在整体方面浮动 10% 的经费。

主席和副主席：没有体现出来，2009 年作为生产一、二、三部节约 992442 元，完全是靠精打细算和节省。

总经理：不能单向比较。

主席：同等情况下可比。

董事长：节约的经费给了员工一部分，公司还贷一部分，一部分用于生产投资，比如说伙食费补涨 30 元也是为了员工。

员工代表 B：还有废料呢？

副总经理 A：材料也会产生不良的废料。

员工代表 B：是原材料，看板上没写原材料。

副总经理 A：材料包括废料，废料也占大部分。

董事长：我们已经做了我们最基本的了。

员工代表 B：我们却得不到。

主席：应削减人员，公司请了那么多律师，律师费每年也要 20 多万。

副总经理 B：工会这边也有每月 2.5 万啊！

主席：工会这边是为了员工的权益和展开会工活动，是法律的明确规定。

副总经理 B：是不是工会的福利？

主席：缴交会费是中国法律要求的，公司请律师是不是专门对付工会与员工的？

副总经理 B：请律师，公司认为是必要的，因为律师要处理公司不同类型的事务。

主席：请的律师能给员工福利吗？给各位安稳的心吗？工会的经费用于培训和娱乐活动等，最起码在员工心态方面体会到福利。

副总经理 B：公司请律师也是为公司的发展。

员工代表 B：光靠律师稳定有什么屁用！要员工稳定才有用。

副总经理 B：是考虑员工的。

董事长：是考虑员工才考虑到现在给你们的答复，到现在已经答复了很多问题。

副总经理 A：举例某员工的工资情况。

基本工资	绩效	工龄	住房	食补	单位（元）
1290	255	120	200	310	=2145
+90.3	+20	+40		=150.3	

合计 2295.3 元（7% 增长）

董事长：例如加班费是这样的。

2008：2923 元

2009：3121 元

有了 9.9% 的上升。

主席和副主席：生产一线员工一年以上的不到 200 人。

总经理：以上数据加上夜班津贴增长合计是 10% 左右。

董事长：这个应该没有错吧，以后其他方面还要做。

主席：七年了，加班 60 小时才 3212 元。

员工代表 B：这应该是我的工资，我确实在 2004～2005 年存了一点钱，但 2008～2009 年是勒紧裤带过日子。

董事长：单价在上涨，公司也有难处。

员工代表 B：但生活费在增长，一个人做两个人的工作，董事长食补只加了 30 元，外面一个馒头一元钱，等于每天只多加 1 个馒头的钱。

董事长：可以理解，只是在整体上双方让一步，我今天早上也只吃三个馒头，公司也算尽力了。

员工代表 A：按 17.8% 再除以七年，每年增长多少钱？公司六年前没有意识到这个问题？再说工龄那一项以前就有了。

副主席：生产一线员工 400 多人，满一年以上的董事长知道有多少人吗？2001 年的老员工到现在有多少人？

董事长：满一年的应有 300 多人。

副主席：180 人都不到，员工流失这么严重公司为什么都不关注？员工最清楚，刚才副经理说不签就走，要签就签（劳动合同），一个好的冲压员要比一个差的冲压员要强你们知道吗？新近员工一个月才能上机，这些无形的效益公司知道吗？

副总经理 B：整体提高，还会评估，到时也会进行调整。

副主席：IPQC 工资不一样，有高有低，还不如三部的普通员工工资，总经理经常说测量方法不一样，这样的待遇，不流失才怪。

副总经理 B：2010 年会就差距进行处理，以前的就让它过去。

董事长：现在回答不了，下周元月 8 号公司再研讨一下。

副总经理 A：现在双方有分歧，要配合一下解决，不可能一直拖下去。

副主席：我们已做出很大的让步，如食补和房补不列入计算加班费基数之内，加班时间无限制延长，就会造成效率和产能方面的影响，老员工不满意就不加班也是合理的，9 月已以联名书形式提交公司，工会也在代表员工与企业进行公平合理协商，但公司没有重视，现在有绩效工资的员工人数不到 100 人，数量非常少，实际上 80% 的员工是没有这一部分的。

主席：第 15 条还是要选择绩效工资计入加班费基数！

总经理：如果你们选择绩效工资的话，工龄长的员工就会有问题（因为大部分员工没有绩效）。

主席：关于绩效工资与岗位工资，我们会在第 19 条上倾向一线员工。

董事长：跟第 19 条工龄长的人是没有挂钩的。

主席：对第 19 条老员工发绩效，要高于办公室的人员，相对公平，绝对公平是不可能的，3 个月以上员工增加基本工资，3 个月以下就不考虑增加。

董事长：要选择的方案只有一少部分受益。

主席：要相对合理，让员工合理理解。

董事长：这多那少，如果加绩效算加班费基数，伙食补贴就要少，就是要怎样解决分配的问题。

主席：是谁框定的数据？？（就是之前董事长框定的增长比例）我们选择一个跟伙食扯不上什么关系的问题讨论没意义。

总经理：要在一定的范围内接受。

副主席：刚才我们选一项，现在后面又变了，那永远谈不成了。

董事长：那只能是夜班津贴 4 元/天，伙食补贴 340 元/月。

主席：一个月少招几个员工，费用就出来了（如模修人员，上次总经理要招，后来部门检讨后没招，这就是节省）。

总经理：在不招的情况下是最好的。

董事长：如果把绩效工资作为加班费基数，一线员工你们怎么保证？

主席：把办公室人员的加班费控制下来，技术人员的加班费较多，但要合理控制，对于办公室的管理就要看各位了。

董事长：加班时间能保证再减少一半？

主席：没有保证，要有一定的措施，但可以通过合理的措施控制在 1/4 内进行削减。

董事长：理论可以，现实呢？

董事长：选择绩效这一条作为加班费计算基数，那么年工资增长只能是 6.5% 了，希望互相理解。

主席：不行。

董事长：如果把绩效纳入计算加班基数的话，其他方面能相对持平调整的话，那工会明天算算吧。

主席：OK，但要人事部门给工资单（可以删去姓名），我们的希望也是明天就能够搞定，第 15 条最后是否确定？

董事长：明天把相关数据进行对比再说。

主席：希望理解我们的压力。

董事长：相互理解。

主席：希望明天能谈妥，也早日给员工一个满意答复！

董事长：元月 4 日再谈（下次应该是第五次了）。

主席：OK。

散会！

XJ 公司"员工集体合同"协商会议记录

（第五次）

日期：2010 年 1 月 4 日

时间：13：00～17：30

地点：三楼会议室

员工方出席代表：主席（工会首席谈判代表）、副主席、员工代表 A、员工代表 B、记录员、翻译员

公司方出席代表：董事长（资方首席谈判代表）、副总经理 A、副总经理 B、记录员、翻译员

主持：主席

会议内容：

主席：第 18 条公司方面还有什么问题？（第 15 条已基本谈妥）

副总经理 A：先对第 15、16 条做总结，加班工资计算基数包括基本工资、岗位工资、绩效工资三项（食补与房补不包括在内）。

主席：是的，OK。

副总经理 A：餐补 310～350 元。

主席：OK！

副总经理 A：第 18 条第 3 项，夜班津贴由原来 3 元/晚涨至 5 元/晚。

主席：OK，没问题。

副总经理 A：第 19 条是否同意增长 7%（基本工资年增长）？

主席：最低要求 8%。

副主席：当时是考虑公司计算方式不好算，我们提出仅增长基本工资！

董事长：要是上涨 8% 的话，加班费都要上涨！

主席：〔板书举例〕相对基本工资增长和公司说的总额增长数额上是持平、差不多的。

董事长：新进员工难以招进（如果偏向老员工，新进员工不增长的话！），据统计企业年度增长不到 7%，8% 公司有非常大的困难。

主席：公司给予的 7% 是总额项目，而我们所说的是基本工资的 8%，支付额是一样的，相反加班费还相对较低。

副总经理 B：公司没有说总额 7%。

主席：董事长上次说总额增长 7%，有会议记录的。

董事长：只说基本工资 7%。

主席：董事长当时说的是总体框架，整体项为 7%，只是当时工会方未给予答复。

董事长：超过 7% 经营方面是不可能的，公司已达到极限！

副总经理 B：如果全部加则不平衡（如岗位、加班费），对某些人来说。

主席：那不定时工作制呢？总不可能劈成几半吧！

副总经理 B：固定项是评估的。

主席：固定是公司给的，增长 8% 是全员要求的！

副总经理 B：基本工资 7%，模具方面成本要上升 20%，模具效率上升 40%，这是不允许的。

主席：对现场员工增长幅度大一些，到时可以进行调整。

副总经理 B：有没有控制员工加班的细节方法？

主席：主要是偏向一些一线员工，关于控制加班方案，前几次也说明了！8% 的基本工资增长是必要的！

副总经理 B：公司只能给 7%，否则经营状况有困难！

主席：休息 20 分钟再议！

检讨结果［副总经理 B 板书］

第 15 条　正常工作时间 = 基本给 + 岗位给 + 实绩给（绩效）

第 18 条　1. 年终奖 1 个月 + 评价分（2009 年基本给 + 岗位给）

　　　　　2. 夜班津贴 5 元/晚

　　　　　3. 食补 350/月

第 19 条　基本给 8% + 评价（总金额 6000 元）（含月固定给）。

主席：年终奖须按以前方式，今年怎么不包括绩效工资？

副总经理 B：基准变了，则今年年终奖低了，公司达到了极限！

主席：那暂缓讨论年终奖的方案，下面举例工资增长。［板书］

副总经理 B：新进员工若不加工资，那也是不合理，也留不住人！

主席、副主席：由于新员工服务期限少，目前也就是一年以上的老员工有不满情绪，偏向一线员工，请考虑公平性原则！

副总经理 B：可以对年轻的普工提高 8%，对于工资高的可以降到 5%、6%。

董事长：工龄以上有工龄、绩效、评价，而新进的相对没有这些，如果偏向老员工，这样会给公司带来不利。

主席：对于目前来说，老员工在每次调薪时，都是绩效工资挪在底薪里面，而新进员工还没有太多的付出，老员工相对能找到公平感！

副总经理 B：在 6 个月以内的人大概有多少呢？

副主席：举例：2008 年进厂的老员工工资 1000 元，新员工 980 元，你认为合理吗？

员工代表 B：那新老员工年终奖是否一样呢？

副总经理 B：按月分配的。

员工代表 B：按月与年一样吗？

主席：刚进的新员工就调一次工资，对老员工是否公平？

副总经理 B：集体合同上没有说新老员工的问题。

主席：没有是可以修改的，就是因为有一些要解决的问题才进行修订！

董事长：如果不给新员工增涨，他们也应该没有心情工作的！

副总经理 B：把 8% 的基本给进行分配，有利于公平。

副主席：这样不公平，新员工进来可以适当地加，但应与老员工有一定的距离，否则矛盾会产生升级。

主席：根据统计数据，6 个月到 1 年的离职最多，看不到公司的发展希望就走掉了。

董事长：冲压工序越来越复杂，难度也高，半年就辞工 65 人，满半年就要走，是一种损失，故要对新来的刚学会的提高工资。如果不提高那将是公司的损失，老员工要是觉得不公平，应采取多种方案。

主席：新进员工按 6 个月 5% 计算。

副总经理 B：公司增长 8%，怎么又 5%？

主席：你的意思是全员增长 8%，你讲的这个就是公平？

副总经理 B：工资高的可以增长 4% 或 5%，其他的可以 8%，这是对你们自己有利的事情！

主席：你们有没有考虑 6 个月内与 6 个月以上员工工资增长的水平？对自己有利的事情??!! 请讲明白。

副总经理 B：你们管理部门的利益！

主席：模具人员这次也是按 8% 增长，往年有没有加过？

副总经理 B：往年这方面都有评价奖金，所以每个部门不一样，全部都给过。

副总经理 B：规则是这样说明的，有没有这样做过？

主席：去年我没有看到过!!!

副总经理 B：可以给你看。

副主席：副总经理的意思好像是说我们在维护自己部门的利益？？我们都是维护公平合理性，IPQC 的工资合理吗？

副总经理 B：各部门加的 70 元是有区别的，上次已讨论过的！

主席：公平合理吗？

主席、副主席：看板上的数据哪里显示出维护自己的部门？都是根据工龄，涉及全部人员的！

副总经理 B：整体 8%，但在基础上进行差额调整，到现在没有结果和方案。

主席：要考虑公平合理，我们也考虑了员工的工作年限，整体的数据均是偏向一线员工的。

董事长：作为公司要考虑各方面的公平，怎样避免人员流失，要慢慢改善，希望你们理解！

主席：你们也可以进行调整，要公平合理，大家都可以检讨一下！

副总经理 A：要想大家观点一致真的比较难。

董事长：大家休息 15 分钟后双方再检讨一下！

主席：要公平合理地考虑，以留住老员工及人才为出发点，经核算把 3 个月到 6 个月提升到 8%（基本工资），与公司算法只差 787 元（公司是加上夜班津贴，食补方面整体提高等 10%）。

董事长：对于 3 个月以内的员工是怎样考虑的？

主席：3 个月以上能留下来就留下来，3 个月以内不考虑增长，如果全增长，老员工心里不平衡。

副总经理 B：政府方面基本上是两年调一次，比如说目前是 900 元底薪，调到 1000 元，整体也要调 100 元？再加上每年基本工资都上涨，大家有没有考虑这个问题？

主席：第 13 条有规定的，公司当时也是同意的。

副总经理 B：如果明年最低工资涨 100 元，相应只要涨 28 元？

主席：企业的发展不能以最低标准工资来衡量，如果明年900元底薪要涨调100元，则是整体差额调100元，这些都要在管理上事前规划的。新进人员在培训方面，要与老员工有一个落差，公司以前都没有考虑，造成这样不平衡，作为中方管理层要比日方人员更了解、更能体会一点。

副总经理B：加班怎么控制？

主席：要靠公司总体管理控制！

副主席：不要什么都让员工去承受，要看公司的管理状态。

副总经理B：公司赚钱已发给员工工资，公司也有公司的难处。

副主席：作为高层要懂得如何管理！

副总经理B：到现在公司都是按评估来的，而这次是按整体8%。

副主席：这些是员工整体做出的成绩，不是个人做出来的！

董事长：实际加班也没什么利润，因为要支付1~2倍的工资，主要是为了增产，才能拿到客户更多的定单，公司现在的最大极限都回报给了员工，如果最低工资再整体增长，那就增长过快了，可以把工资高的增长幅度降低一下，但为了怕别人不满，所以一致提高8%。公司目前处于经济危机阶段，希望工会跟员工解释一下，并不是员工要什么，公司就满足什么，希望工会与公司方达成一致方向，是一起上涨8%？还是工资高的员工下调增长比例？

员工代表A：工会要求增长8%基本工资是为了平衡员工心态，照顾一线员工，2010年深圳市调整最低标准是考虑人均生活水平。

副总经理B：什么时候调整的是不清楚的。

副总经理A：物价是不可能一次性涨的。

副主席：公司很多部门存在不合理的同岗不同酬情况！！

副总经理B：我们是按评估评的。

副主席：2009年有评估吗？还有我想问一下，是站着作业都有还是只有部分部门有？？！！

副总经理 B：一直站着都有的。

副主席：那冲压部、洗净组的员工一直站着为什么没给加？

主席：不能以部门加，比例不一样，是管理偏向造成的。

副总经理 B：公司是有评估制度的。

主席：这是以前评估不公平造成的！

董事长：这种不平衡的情况公司也能理解，在研究中，一次性解决有些困难，双方希望能解决问题。

主席：公司一直提到不赚钱，管理上没有公开透明，公司一直说亏损，就是因为这样的财务不公开，让员工失去信任，现在才说要我们理解！现在是在目前公司运作还良好的情况下进行集体合同谈判，如果明年发生了变化，如出现经济危机等，公司也可以提出协调，沟通是双方面的。

董事长：道理上是可以的，如果真是那种情况，我想那是不可能的。

主席：从道理上约定，不是假设！

董事长：我也拜托各位希望能够理解，公司目前已付出了很大的努力！

主席：我们也给公司避免了今后的矛盾，如果有区别地对待，还会造成员工的不平衡心态！

董事长：已经讲了几遍了，自己感觉都很烦，最低工资标准调整后，为什么你们不能理解。

主席：第 13 条中已谈过最低工资标准！

（休息 30 分钟）

董事长：经过数据改动，一线员工 10%（整体 10%），公司想给新员工加工资，工会要最大限度理解公司，工会定的整体 11% 中 1% 的差距会在下一年集体合同里体现。

副主席：IPQC 员工怎么处理？

副总经理 A：今后公司会研究讨论，对于总务基准方面要明确后再实施，各个部门评价标准是不一样的，也要讨论。

副主席：IPQC 员工情绪不稳定，希望公司尽快解决！

主席：后续再单独确认 IPQC 问题。看板上，按公司做法差距为 4790 元，公司愿意多付的情况工会也接受，关于 1% 只要我们不离开公司就会得到，但至少公司认为有这么回事就行了。

副总经理 A：第 18 条第 2 项高温补贴只是针对部分人员，非高温就不补贴了，政府有文件。

主席：不是去年已经确定过了吗？目前已经实施了！

副总经理 A：政府在 2009 年 8 月以后也出台了新的文件，2009 年以后不再发放非高温作业的补贴。

主席：要与工会平等协商，2009 年公司已与工会协商过了！今年已实行的事情，再变化，就会有问题了！

副总经理 B：因为法律变了，上次也是因为罢工的事情才发放的。

主席：当时还是由公司委托工会处理这个事情、平息，才与公司平等协商的。

副总经理 A：公司当时是没有办法才支付，公司现在觉得没有必要！

主席：今天不谈此事项，如果有最新的法律，可以拿出来再说！

副总经理 A：你可打电话问一下你们的律师。

主席：那下一回再谈吧！

主席：总结一下，第 15 条取前 3 项（休假、请假，食补、房补不再扣除）第 17 条按 60% 基本工资生活保障，探亲假取消。第 18 条年终奖待定，第 3、4 项 OK。

主席：年终奖不能只按基本给与岗位给，得是前三项的平均工资（加绩效）

董事长：今年按基本给。

主席：年终奖以前是按基本给再算上岗位和绩效工资的！不可能不给。

董事长、副总经理 B：问一下财务去年是怎么发放的，明天上午再确定一下。

主席：再说一下，第 18 条第 3、4、5 项 OK，下次不再谈，夜班津贴 5 元/晚，食补 350 元/月，第 5 项无变化，第 19 条确定增长基本工资 8%，6 个月以上一线员工增长 10%，6 个月以内的增长 8%，其他人员 8%（指生产一线员工，不包括文员、助理）。

董事长：OK。

副总经理 B：能够把数据传达给员工？

主席：谈完之后要召开员工代表大会，希望公司理解，年终奖是否可以透露一下。

董事长：希望在谈判过程中，员工要安心工作，年终奖则按 2007 年标准发放。

主席：下次内容大部分只是对文字性内容进行确认，进度应该快，下次什么时候谈？

董事长：先确认一下律师时间，希望尽快完成！

主席：那先确认一下律师时间，届时再与公司确定第六次谈判日程，尽快为好！

散会！

XJ 公司"员工集体合同"协商会议记录

（第六次）

日期：2010 年 1 月 6 日

时间：13：00～18：00

地点：三楼会议室

员工方出席代表：工会主席（工会首席谈判代表）、工会副主席、员工代表 A、员工代表 B、员工方律师、记录员、翻译员

公司方出席代表：董事长（资方首席谈判代表）、副总经理 A、副总经理 B、公司方律师、翻译员、记录员

主持：董事长

会议内容：

董事长：本次为第六次谈判，上次讲到关于 3～6 个月员工怎么区分（基本工资增长问题）。

主席：划分界线为 6 个月以上与 6 个月以下。

董事长：怎么区分？

主席：6 月 30 日以前（6 个月以上）7 月 1 日以后到 12 月 31 日（6 个月以下）。

董事长：OK。

董事长：第 18 条第 1 项年终奖计算基数是怎样的？

主席：2007 年的基数是：基本给，绩效给、岗位给三项。

副总经理 B：年终奖金（基本给 + 实绩给 + 职位给）＊1 个月 + 评价［板书列举］。

主席：OK。

副总经理 A：上次说还包括伙食费，其实是不包括的。

主席：上次没说过。

董事长：今天议题是第 18 条第 2 项高温补贴，关于高温补贴在 2009 年 20 号广东省社会保障局就有复函，不发放高温补贴，但在 35℃以上还是要发放的。

主席：这个议题没必要再谈，况且只是复函，因为文件也说明要

企业与工会平等协商确定，去年已确定的事情，再谈就是浪费时间了。

董事长：上次已经讲过了，我们也调查了其他公司，当时是与工会协商的，但我公司是有空调的，工会一定要按法律实施，公司不得不发高温补贴，现在又与工会商谈，故我公司今年不再支付高温补贴，对一部分高温作业人员予以发放，非高温作业人员不再发放。

主席：去年 8 月与工会协商的，7 月公司已发放一部分，后来员工有联名上书要求下发放，现在又要取消高温补贴，工会是做不到的！

董事长：不可能这样的，应该根据法律做事情，所以参加交涉的员工代表，要用相关法律要求说服员工，如果大家都签名要这样、要那样，工会就失去了意义，我们说了在高温作业环境下根据法律条例支付，去年检查部还在降温啊，这样也要支付吗？

员工方律师：董事长可能对法律不是很清楚，其一，深圳市已经废止了以前的高温补贴规定，按广东省六部门法律规定，在高温作业环境下每月补贴 150 元，其他人员每月 100 元，要落实。其二，公司出具的只是广东省社保部门一个批复，只明确 100 元与 150 元的区别，没说哪一年不发！

董事长：除了特定环境下的作业人员，其余是没有的！

公司方律师：废止是有个前提的，广东人力资源保障局回复说高温补贴也应该属于福利的范围，用人单位也应根据企业的实际情况，所以说要进行协调，并不是强制性的东西，要与工会协商！

员工方律师：按复函要求，并不是要跳过去不理它！如果不理会它，就涉及不尊重法律问题，现在工会提出来，就应该好好谈。

主席：去年已协商过了！

董事长：不符合一般道理！

主席：是我们不讲道理，还是广东省法律规定的通知不符合道理？现在哪里有条文或法律要求不支付？说要协商，但以前都有协商，再协协商就走回头路了！

董事长：你们说协商过了，但是当时的协商条件不同，现在也是在协商。

主席：现在的复函重要吗？没有说不发放！！

公司方律师：争议有疑点，可以向深圳市人力资源保障部反映，可以向社保局咨询，法律一个在前实施，一个在后复函，就产生争议，明确规定，非高温津贴属于福利性质，要协商，并不说强制。

主席：那你问社保局！

公司方律师：你们都可以问的，打12333，到时我们问了怕不算。

公司方律师：那到时还是我问吧，之前你们是协商了，是因为你们按文件规定要求的高温补贴。

副主席：2009年执行高温补贴，当时没有违反文件规定。

公司方律师：是没有，但是法律是变动的。

副主席：我们不再谈此事！我们也是根据广东省六部门文件规定与公司协商得出的结果，通过协商形式达到要求，故没有必要再谈，再协商。

副总经理A：公司在去年支付的时候，员工是那样的要求，公司认为没有必要支付，你们就一直要求，公司当时是支付了，后来保障部也有答复，对没有在高温环境的员工没有必要支付。

副主席：非高温环境补贴支付当时公司是与我们工会协商过的，公司已经同意了，已经协商过的东西就没有必要再谈了！

副总经理A：现在是协商2010年的。

主席：就算作为福利，公司也执行了，员工也认可，如果取消了，没法做解释，当时是受公司委托向员工解释的！

副总经理A：总之必须是要求执行！

主席：我们看不到广东省社保部关于取消不发非高温作业人员的

高温津贴通知啊！

公司方律师：一个是室外作业监督，一个是室内作业引导，引导是没有强制性的，督促是强制性的，必须执行。这是从法律角度看这个问题，也可以向社保局咨询。

员工方律师：根据广东省人力资源保障厅批复，并不代表法律规定有变化，只有一点那就是把高温补贴作为福利，并不是不给了，此事已协商过了，已经协商过了的事情就没有必要再讨论了，程序已经走过了，就应按以前的结果执行。

副总经理 B：想问一下，福利是什么？把工作环境变好属不属于福利？因为有新的法律出来，所以要协商，这并没有错。

主席：我们认为已经协商过了，就不用协商了，因为没有法律明确规定不发放了，与以前文件有多大区别?!！这样有必要再协商吗？

副总经理 B：已经变了（指复函）。

主席：变在哪里？

副总经理 B：刚才讲了（指复函）。

主席：讲了是通过协商确定。

副总经理 A：因为变了，所以要再一次协商。

主席：那我们协商。现在我们认为是应该给的，遵照原有的执行，这个过程也存在压力，不能把以前的事谈没了，当时的协商结果是公司要求工会取证别的公司是否执行，公司后来也是执行了。

副总经理 B：当时你们说是违反法律的，所以当时才发放的。

董事长：如果这样的话，是不是消极对待？

主席：谁说是消极?！

董事长：7 月公司研究的时候，员工罢工，恐吓公司，所以才发放的，并不是协商。现在有新的法律出来解释，当时工会说违反法律，公司不得不发放。现在政府文件有改变，条件变了，公司还是对高温作业环境补贴的人继续发放，对非高温补贴不支付。去年是你们不合作，才支付，现在呢？

主席：提醒一下董事长，去年 8 月有两次交涉，8 月 8 号与公司交涉。给予室外高温补贴按部分比例给，但 8 月 12 日员工联名要求给非高温补贴人员支付，后来公司联络工会要求处理，工会也向员工传达了公司的要求，但员工仍要求按法律规定给予支付。

副总经理 B：当时员工都不工作！

主席：当时也是公司要求工会出面解决，后来就是这样子的！

副总经理 B：这不是工会的问题。

主席：要讲事情发生的事实，你们不尊重事实吗？我们也认为员工在怠工，公司后来要求员工工作，第二天通过开会做员工思想工作。

副总经理 B：员工怠工后，公司不得以才支付的。

副总经理 A：2009 年虽然支付了，但不是协商，公司改变环境也是为了不让员工在高温环境下作业，想问一下龙律师，员工在有空调的环境下工作算不算福利？员工想要高温补贴，就不工作，这正确吗？

副主席：福利事项太多，8 月 13 日董事长回复，要安抚员工，希望工会起到关键作用，你们现在让我们去拿回员工已经得到的东西？

员工方律师：我回答副总向我提出的问题。其一，你们可能把劳动条件与福利混淆了，用人单位必须为员工提供劳动条件，不能把有空调作为福利。其二，不能把有空调作为福利与劳动条件相比较（里面有 100 人为非高温作业人员）。

董事长：不太明白意思，我们也咨询一下吧。

（休息 15 分钟）

董事长：要么咨询社会保障部？

员工方律师：没有必要问。

公司方律师：我刚打了 12333，对于非高温补贴须与劳动者协商。

企业可以决定不发放，也不违反法律规定。

董事长：把空调作为劳动条件我不认可，当时旧工厂空调很少，但后来花钱买了空调，也是对员工的福利，公司投资了这么好的环境让员工工作，对于高温作业的补贴还是发放，非高温作业人员还是不发放！

副主席：举个例子，去酒店吃饭，是选择条件好，还是服务好？

董事长：这是另一回事，没有关联的，对于客人来说当然是条件好！

副主席：这是一个道理，福利与条件还不明确？

副总经理 B：员工的立场与客户立场是不一样的！

副总经理 A：相反问一个问题，在凉爽的环境下支付是否应该？

主席：支付高温补贴有没有违规？这是双方协商的问题。

副总经理 A：这就是最大的区别，刚才也咨询过，对于高温作业人员公司还是照给，但对于非高温作业人员不支付是不违反法律规定的。

主席：我们不认同这种说法，室外的高温补贴是法律最底线，对于非高温补贴须协商，我们也有形成协商的结果，就不应该去改变，现在已经有了协调，也没有违反法律，现在谈集体合同的优越性就是要高于法律底线标准，鉴于 2009 年 8 月的历史原因，工会不能承担取消高温补贴的责任，是要通过职代会的。

副总经理 B：上次协商你们 100% 要求，公司不可能不答复。

主席：不明白你的意思！

副总经理 B：你们说 100% 通过，是要通过员工代表意见？

主席：是要通过员工代表大会意见。

副总经理 B：不要谈以前的事情，现在 10 月的复函解释有变动，要与公司协商。

副主席：我们已经协商过了，没必要协商了，不同意公司不支付。

副总经理 B：现在的解释变了，什么人支付，什么人不支付！

主席：就是鉴于历史的原因，现在协商就是执行广东省六部委标准。

董事长：这样争论下去没有结果的，公司财务预算计划与过去是不一样的，建议工会下去向各部门解释再研究讨论。18 条第 2 项就不要再讨论了。

主席：暂时保留！

董事长：第 20 条第 1 项"周六、周日"删除。

第 20 条第 2 项 OK。

第 20 条第 1 项 OK，第 2 项 OK，第 3 项里面有段话要改为"须经过甲方或加班员工协商同意"，OK。

第 20 条第三段，不允许。

副总经理 A：额外三天加班不可以。

主席：不是在公司假期 10 天以外增加 3 天，是在公司放假内，法定假是 3 天，公司再给予 1 天假，共 4 天，总共还是 10 天。

副总经理 B：不同意此方案。

员工代表 A：别的公司都放 15 天假，补班都不补一天。

副总经理 A：如果有那样的公司我也想去。

副主席：冲压部员工在春节后就要开始补班。也是公司工伤高发期，所以说让员工多休息一天，也让员工体会到公司的善意，公司不给也不是说不行。

董事长：公司在逐渐改善，作为公司在今年不行。

副总经理 A：事故多要解决，一般都是在春节补班期间，如果安排在 7 月补班，不违反法律吧？

主席：不违法。

副总经理 A：那可以把补班周期延后几月。

主席：爱普生公司都是 3 月才补班，且是与工会商议之后决定的。

董事长：爱普生是生产自己的产品，关于我公司补班时间可以提个方案。

主席：对于工会提出 3 天法定假之外，希望公司能够再多放 1 天假，日本人的节日在元旦，而中国是在过年，中国地方比日本要大得多，回家过年路程远。考虑到实际情况，也能让员工感受到公司福利。

董事长：你们的想法我们能理解，但今年不会考虑，明年公司会考虑，到时先考虑一下换休调班的事情。

董事长：第 23 条 OK，丧假法定 3 天，公司给予 5 天。

主席：谢谢公司能够理解。

董事长：第 24 条 OK，第 25 条 OK，第 26 条是关于深圳住房公积金改革方案的。

主席：要从 5 月 22 日起追溯费用。

董事长：作为公司想要看到法律文件。

公司方律师：应该从 2010 年开始，什么时候生效，按法律要求缴纳，公司依法为深圳户籍员工缴纳住房公积金。

董事长：第 26 条 OK（公司依法为深圳户籍员工交纳住房公积金，法律法规出台以后，公司会按法律规定交纳）。

董事长：第 27 条，把"一定"去掉。第 28 条 OK。

主席：一定要落实下去。

董事长：OK。

董事长：第 29 条公司目前有没有做到？

主席：生产三部化学物质甲苯挥发有很强烈的刺激味道，对人的神经系统会造成伤害，目前未做任何评估，我们公司已通过 ISO14001 环境认证，故也需要符合其宗旨，且目前也有员工投诉到工会。

董事长：如果违反法律规定，就按法律规定执行。

董事长：第 30 条 OK。

主席：第 31 条，从事洗净三氯乙烯作业的员工目前只有两对半（96 元）项目检查，实际要求需要专项检查（400 元左右），这也是在规避企业员工患职业病的风险。

董事长：那第 31 条按法律规定执行，OK。

董事长：第 32 条 OK。

董事长：第 33 条去掉"抵制"二字。

主席：前面不变，后面增加"并向乙方提出改善"。

董事长：谁来确认危害了员工健康和人身安全呢？那冲压有危险是不是都要抵制，就不用生产了？

主席：问题简单化，别想得太复杂。

副主席：危险是危险，比如说冲压机，公司不安装安全装置，员工就可以抵制，因为会给人身安全造成严重危险！

主席：第 33 条"抵制"改成"拒绝"，并向乙方提出改善。

董事长：第 33 条 OK。

董事长：第 34 条后面加"有关政府部门"，第 36 条 OK。

主席：第 37 条 38 条取消。

董事长：第七章标题改为"女职工保护法"。

董事长：第八章第 38 条 OK，第 39 条 1.5% 培训费的数据确定不了。

主席：劳动法第 68 条有规定，职工要进行培训，职工就业促进法也有说明企业须在工资总额中提取 1.5%～2.5% 的培训经费。

董事长：再研究一下，保留。

董事长：第 40 条通过，第 41 条 OK。

董事长：第九章第 42 条，公司认定一年谈一次。

主席：第 18、19 条可以一年谈一次，其他三年谈一次。

董事长：因为本次集体合同为第一次，就一年。

主席：其他条款都是法律法规描述，没有必要一年讨论一次，第43条依相关法律法规变化。

董事长：关于高温补贴希望工会回去研究，年终奖照常发放。

主席：年终奖在元月底前发放，第18、19条是每年协商。

副总经理B：年终奖为今年1月底发放。

董事长：经过几期谈判结果，我总结一下达成一致的：第20条、第21条、第22条、第23条、第24条、第25条、第26条（按法律规定）、第27条（去掉一定两字）、第28条、第29条、第30条、第31条、第32条、第33条（按文字描述）、第34条、第35条、第36条、第37条、第39条（下次再议）

董事长：今天就谈到这里，下次再谈，散会！

XJ公司"员工集体合同"协商会议记录

（第七次）

日期：2010年1月7日

时间：13：00～19：00

地点：三楼会议室

员工方出席代表：工会主席（工会首席谈判代表）、工会副主席、员工代表A、员工代表B、记录员、翻译员

公司方出席代表：董事长（资方首席谈判代表）、副总经理A、副总经理B、公司方律师、翻译员、记录员

主持：主席

会议内容：

主席：各位代表辛苦了，本次为第七次谈判，希望能够顺利尽快

完成，达成一致！

　　主席：之前条款保留的先保留，先谈第九章。

　　董事长：第 22 条公司对补班进行了修改，延后，在春节后补班。

　　主席：OK。

　　主席：第九章第 18、19 条每年 12 月前再谈，其他条款为 3 年一次再谈。

　　董事长：OK。

　　主席：第 43 条合同增加"法律有变化按修订后的法律法规执行"。

　　董事长：是依照新的法律法规协商而不是执行！

　　主席：OK，协商确定后执行。

　　董事长：OK。

　　主席：第 44 条有没有问题？

　　董事长：OK。

　　主席：第 45 条有没有问题？

　　董事长：是法律规定的吗？

　　主席：是的。

　　董事长：应按深圳市劳动法进行，双方协商，如未达成则进行仲裁（关于调解委员会）。

　　主席：后面也有写。

　　副总经理 A：调解这方面都没有意义，组成人员没有变？

　　主席：不进行调解（调解委员会），直接仲裁？

　　主席：这是不行的，上级工会督导进行，也是工会的职责，相关法律条款都有说明，依法进行。

　　副总经理 A：主要解决什么？

　　主席：解决一般劳动争议！

　　副总经理 A：建立是必须还是可以？

主席：作为工会可以建立企业劳动调解委员会，故目前工会认为有必要成立！

副总经理A：但不明白做些什么，工作内容是什么，相互关系？

主席：企业劳动争议调解委员会属于职工代表推选，工会推选，企业推选各一人三方组成，就是处理企业内部争议，小问题能处理就处理，处理不了报上级仲裁，仲裁不了再通过法院。

董事长：主要调解些什么？

主席：比如说解雇员工不通过工会，加班费没按时支付都属于，就算对集体合同有争议，首先也要通过劳动调解委员会进行协调处理。

董事长：是不是在总务部处理之前也要通过工会同意？

主席：公司处罚员工要与工会协调，员工对结果不满意，再让调解委员会处理，如果企业与职工代表大会确定《员工手册》，公司就可以直接进行行政处罚而不用通过工会，但重大处罚须采用工会意见，对相关争议要通过劳动调解委员会进行调解。

副主席：不管轻重要征求工会意见，如果员工不满意，则通过调解委员会解决，体现公平性。

副总经理A：公平性是很微妙的！

主席：三方要是解决不了，就可以往上走，工会就是起协调作用的，要是不经过调解委员会，就直接打官司算了，怪不得公司请那么多律师！

副主席：劳动仲裁之前还有调解委员会的！

主席：就如员工问题，先交组长处理，组长处理不了由部长或再由经理处理，一级一级来。

副总经理A：员工一个人，公司一个人可以，工会能起平衡作用吗？

主席：三方代表都是选举推荐的，是起整体平衡性的。

副主席：宝安区工会也是要求我公司成立劳动争议调解委员会，内部能协商处理的不一定要走仲裁！

主席：从成本方面，仲裁双方还要一定的费用，且还会损害公司的形象。

副总经理 B：工会与公司代表各一人即可。

主席：这种作法不对的，一定要三人达成一致，这也是法律规定的。

副总经理 B：员工代表一人不行，立场不一样。

副主席：工会是有组织的，有工会章程，相当于第三方，并不是为了维护谁。

副总经理 A：你们讲的是第三方，但看不见的地方呢？作为工会我想是不能不考虑员工的立场的。

主席：工会是 100% 维护员工的合法权益、协调劳资关系的！这是宗旨！

副总经理 A：就如高温补贴，工会是否与员工的立场一样呢？公平性在哪里？

主席：提到高温补贴，那到时再出现问题由你去做员工的工作！

副总经理 B：工会会员 400 人，非会员能否代表？

主席：工会代表是经过工会委员推选的，员工代表是由员工推选的，也可以为非会员，企业也一样。

公司方律师：法律是可以的，如果调解时达成协议还好，如果一方不履行，三方谈不成还是要仲裁，故认为没有必要成立。但如果调解委员会成员具备专业法律知识，公司成立劳动调解委员会是没有问题的。

副主席：企业与员工的矛盾最好在部门内部消化掉，建立劳资关系！难道希望一出现劳资问题就要打官司吗？！

董事长：能不能不要员工代表，只工会与企业代表各一人？

主席：不符合法律程序，应依法办事！

员工代表 A：本人作为员工代表坚决不同意！

董事长：那第 45 条 OK！

董事长：第 46 条 OK。

主席：第 47 条？

董事长：OK。

董事长：第 48 条 OK。

董事长：追加一章到第九章，第九章变第十章，第十章变第十一章，是关于劳动纪律方面的（第 46、47、48 条要调整顺序）。

主席：公司要追加一章，其中第 43 条不能接受，须重新修订，所以在这次集体谈判中不谈。

董事长：《员工手册》哪一项不对？

主席：要抽时间专门谈，不在本次集体合同谈，因为涉及条款太多。

主席：公司新增的 44 条要改成"公司依法参照并根据公司实际情况进一步修改完善现行《员工手册》，修改《员工手册》时应当经职工代表大会、全体职工讨论或职工代表平等协商确定"。

董事长：这样讲不正常，因为公司有权来制定规定，只要不违法，公司有公司的经营方针，没有必要去问员工！

主席：法律的流程就是这样规定的，应当经职工代表讨论，董事长说的这是跟法律相违背！

董事长：哪条法律？？！

主席：《劳动合同法》！

董事长：是说《员工手册》！

主席：手册就是涉及这样的问题，确定的就是那些内容（如重大规章制度变更要通过职代会协商双方确定后并进行公示）。

公司方律师：是要听取员工意见，这是程序上的要求。

董事长：只是征询内容与意见吧？

公司方律师：企业有自主权的。

主席：我看对方律师是在诱导董事长！这是正当法律要求！

副主席：要员工代表表决通过的，就如全国人大会一样，也要投票或举手表决。

副总经理 A：是征求工会同意？

主席：是平等协商确定，在规章制度不适当的地方，工会或职工代表有权修改完善！

董事长：第 43 条还没有修改新的《员工手册》，修改之前暂时使用。

主席：在旧的《员工手册》未修订前暂定进行管理。改为：公司暂定依照 2008 版员工手册中的条款进行管理到 2010 年____月____日止，通过法律程序修改完善公布发行，原 2008 版员工手册废除，现行员工手册与集体合同有冲突的地方以本集体合同为准。

董事长：以上确认一下（外文逐一翻译）！

董事长：OK！届时第 43 条由工会提案。

主席：到什么时候止？

董事长：尽快在 3 月 31 号实施，工会制定方案。

主席：现在把公司增加的问题插入第九章共 52 条。

董事长：下面剩两个问题再讨论，第 39 条经调查没有明确的法律依据，由律师来讲。

公司方律师：这是国务院行政文件，如果不执行（提取培训费），只是行政处罚，职业技能鉴定条例要求提取工资总额的 1.5%～2.5% 作为费用只是征求意见阶段，没有行政处罚规定，没有真正行使的法律、法规！

董事长：作为公司也希望员工进行培训，但公司也要考虑经营状况，近期打算去外国研修也可以属于培训方面。

主席：去日本研修的花费不算做培训项目费用，《劳动合同法》，《就业促进法》、国务院文件都明确规定的！企业工会法第53条也有督促企业按有关法规提取工资总额的1.5%～2.5%作为培训费用，按照对方律师的说法，督促就是必须的意思！！

公司方律师：国家法律与部门规章有区别，规章不属于法律！

主席：《劳动法》是不是法律？

公司方律师：但国务院相关文件只是法规。

董事长：并不是要取消员工培训事项，但是公司目前很困难，就如开叉车的，培训完了都辞职了，公司怎么办？培训费可以申请，但不可以写上百分之几，双方可以建立相互依赖关系。

副主席：我们只按1.5%的比例算是很低了！

主席：国家对提取培训费是有明确约定的，企业要发展，培训也是其中要考虑的一项，必须提高员工的培训力度，之前有叉车培训完了走的，只说明公司的规章有问题，再说为什么要离职，企业要做检讨！

董事长：只要有法律要求，我们会做到。你们的心态我也很理解，如果什么都按法律规定，全部都要实施，公司是经营不下去了！！〔生气激动地〕

主席：请董事长不要激动，集体合同是高于法律底线，是按法律条款实施，培训对双方都有好处，也是公司在支配。

董事长：公司不可能在法律之上，公司没那么大实力！

副总经理B：上次也讲过，很多公司都在降价！

董事长：要站在公司经营方面考虑，否则是很难以达成的。

副总经理B：公司很多地方需要花钱，都是为了公司的发展、员工的生活。

董事长：现在你们只考虑你们的地方，所有都要100％答应你们，要是这样的话，公司几个月就要倒了！在别的公司你们能有这样的待遇吗?!！［激动］

主席：你这是威胁我们吗??!！

董事长：为了员工的事情也要考虑公司的事情！

主席：作为公司经营管理者要事先考虑，现在认为有困难说这些话，是在威胁我吗？

副总经理B：要是公司真的倒闭了，全部要求那都是不可能的了！

董事长：这就是一开始我讲清楚的，并不是一下能改善的！

主席：不要站在对立面上，刚才董事长这样的话出来是伤人的！要冷静想想，是不是要求公司100％满足员工要求？这只是法律的底线！只是要求公司拿出一少部分的钱给员工培训，也是为了公司长期发展着想!！

董事长：你们的心情完全可以理解，如果公司确实有钱，所有要求都可以答应，第39条也并不是一分也不给，公司也是会投入这方面的资金的，我们没法跟好的公司相比的!！

主席：这只是必要的培训，计划地去做，并不是钱花掉了就没有了，提取的资金还是在公司的账上！

副总经理A：是强调1.5％还是强调计划培训？你们倾向哪一个？

主席：提取工资总额1.5％只是一个比例，对企业起到约束力，重要是员工培训，至于1.5％的花费还是企业来支配的！

董事长：元月12日下午再谈吧！

散会！

XJ 公司"员工集体合同"协商会议记录

（第八次）

日期：2010 年 1 月 12 日

时间：13：00 ~ 18：00

地点：三楼会议室

员工方出席代表：主席（工会首席谈判带代表）、副主席、员工代表 A、员工代表 B、员工方律师、记录员、翻译员

公司方出席代表：董事长（资方首席谈判代表）、总经理、副总经理 A、副总经理 B、公司方律师、翻译员、记录员

主持：董事长

会议内容：

董事长：本次为第八回集体合同协商，我想双方都想能在这一回结束谈判会议！

主席：谈了一个多月，本次希望双方能愉快达成结果，这也是双方期盼的，具体条款只有教育培训、高温补贴这两项。

董事长：有关教育培训，要是按工资总额的 1.5% 来提取，对于公司来说非常困难，今年不做考虑。公司也希望对员工水平进行提升，交涉完后也可以按计划去做培训，如去日本学习，也可以与工会制定一个计划，希望能以这样的方案来解决！营业额在下降，2010 年还达不到 2000 年的水平，基本上都是投资方（中信投资）指定的，如果利润很低，就会首先解散 XJ 公司，大家都受影响，年龄大的人找工作都很困难，希望工会理解公司现状。

董事长：举例电费一览表。[数据统计，分发给各位代表]

董事长：在这种情况下你们还要商讨高温补贴吗？公司也投资了不错的环境，不管是谁看了公司的现状都能够理解，公司也采取了很多措施，如果再要高温补贴就不正常了，希望大家冷静理性地考虑一下公司的现状。

主席：刚才董事长说了公司的观点，关于培训方面公司也做了说明，工会也理解，这样吧，可以不用1.5%作为限定，但企业要有培训计划！在相关法律未出台以前，工会暂时认定，但公司培训须同意工会方面对员工培训进行相关管理，正当的职业培训，企业应当予支持！律师是否这样认为？

公司方律师：我们都是这样认为的。

董事长：非常感谢！公司方面也有个小提议，与第41条有关，如果培训完就离职，就等于公司把钱扔掉一样，尽量不要发生这样的事情，以后是否能跟工会协商？

主席：可以的，培训要有协议，有公平性的都可以支持。

主席：须管理好培训经费，培训也有适用范围，要统一做成计划并汇总，不能什么项目都要挪用培训经费。［出具企业职工培训适用范围条款］

董事长：OK，知道了！

主席：那把这条也修订一下，"自相关法律对职工教育培训具体比例做出强制性决定前，企业应同工会协商制定职工培训计划，每月提取职工培训经费，培训经费在列支的范围内合理使用"。

董事长：每月不可能，每半年或每年可以的。

主席：那不可能的，是根据钱制订计划？还是制订钱的计划？要根据培训需求制订计划！

董事长：先计划后经费？

主席：是的！

主席：第 18 条第 3 项高温补贴，董事长说空调用电量大，我们明白，但这只是劳动条件，这是企业的法定义务，跟高温补贴没有一定的比例关系！去年按广东省六部委通知精神，全体劳动者都应享用高温补贴，也通过媒体报道这一方面，所以说应该是全部发放！上次你们所说的只是保障部的一个复函！

副总经理 A：有什么法律依据？

主席：7 月市劳动保障部门相关负责人也有答复，也需要给非高温作业人员补贴 100 元。

公司方律师：确实媒体也在 2009 年 7 月进行了宣传，但后期发生了争议！室外高温作业的要强制实施，但在 2009 年 10 月以后就属于福利性质，要与单位协商，我们咨询过社保局且得到明确答复，不支付也不违反法律规定，劳动条件与工作环境也是有区别的，不开空调就不工作了？把空调作为劳动条件是不正确的！

员工方律师：我说四点。其一，董事长列举了对在工作环境进行了一定的改善，但只算作劳动条件的改善，只是法定义务，不能当作职工福利，财政部有明确规定哪些属于福利的范畴都是有定义的，对员工生活条件的改善方面才属于，把工作环境当作福利是不适当的。其二，2009 年深圳市明确规定，不再执行 2005 年深圳市高温补贴相关规定，执行广东省的，属于部门规章，仍有法律效应！其三，深圳市劳动局请示批复和省劳动保障厅的复函是不能拿上台面的东西，不能作为法律依据。其四，工会在以法律为依据的情况下向企业请求，企业应认真考虑工会的请求！

公司方律师：广东省文件严格来说也不属于法律规定，2009 年广东省保障部的复函不能说是拿不上台面的东西，复函怎么不能作为法律依据？

主席：复函并没有推翻原来的文件精神！

副主席：我们也是按照广东省六部门发放的通知精神，有问题吗？要明白什么是"精神"！

副总经理B：争下去没有结果，不能解决的问题可以仲裁，由法律说了算！

副主席：指打官司？

副总经理B：由仲裁决定！

员工方律师：不明白公司的思路，就算我们认了复函，但并没有说不支付或拒绝支付，仍须与工会协商！

董事长：刚才不是说必须要支付吗？

公司方律师：引导式是不是强制性？（复函里有说引导两字）企业应根据实际情况来支付，再说福利是不属于法律强制性的！

员工代表A（员工代表）：董事长说的空调费用，因为开了空调，提高了员工的工作效率，就填补了空调费用！

董事长：请双方律师先讲法律方面的吧！

员工方律师：批复不能作为规章，最多只是个别解释，在法律边缘，说不定会随时收回，不能作为法律！

董事长：2009年10月的复函不是法律依据？

主席：请问公司方律师，复函对广东省六部门的法律通知精神是进行了修改？补充？还是解释？

公司方律师：……

副总经理A：深圳有303家日资企业进行了集体学习，关于高温补贴，在深圳去年打的官司非常多，2009年10月解释正式出台，高温作业环境下必须支付，相反对非高温作业的人员只能作为福利发放，没有强制性发放要求，公司也做了极大的提升（去年全部给了），也希望工会理解！

主席：当时并不是说100%，当时我们也列举了很多家发高温补贴的企业再加上员工强烈要求才发的!

副总经理 A:如果在有空调的情况下申请高温补贴是很不正常的事,当时也是在无可奈何的情况下才支付的!

副总经理 B:当时你们跟公司讲是违法的,公司才支付的!

主席:是法律规定的。是在不能违法的前提下,由工会与公司平等协商,之后才支付的,现在不支付,让工会承担结果,在员工那里怎么说得过去?

副总经理 B:如果说过去不支付是违法,那现在法律变了!

董事长:一直谈这个,没什么结果,集体合同就这么一直谈下去?律师们也谈不下去,把高温补贴作为另一个话题来讨论?或提交上级工会,实在没办法就仲裁,也确实是没办法!!

主席:如果谈不拢就取消,也可在 6 月前单独再谈,或 6 月进行仲裁!

董事长:对于这一点,下周再商量一下!

主席:暂不列入集体合同谈判之内,关于集体合同届时要召开员工代表大会,董事长是想做解释?还是不再提这件事?

副总经理 A:双方律师对高温补贴有什么看法?

公司方律师:我同意副总经理所举例的关于日本商工会培训方面的复函,“就高温补贴做了系统解释”(属于福利须协商非强制性发放)。

员工方律师:复函不能成为不支付高温补贴的依据,只是把高温补贴定性为福利,要进行民主协商,如果企业认为不支付是不正确的。

副总经理 B:想问一下律师,什么尺度来划分福利与非福利?!

员工方律师:作为法律专业人员,对省劳动厅复函所说的福利与国家财政部所说的福利刚好相反,就比如说坐在这里,有空调环境,是一种福利?!公司方把劳动条件的改变作为福利是不正确的!

董事长：你们怎么跟员工解释（关于高温补贴条款)？

主席：不提！如果有员工问起此事就说未在集体合同中谈到此条款！6月之前另外当作专项合同再谈，或申请仲裁。

主席：关于集体合同先要与董事长签字（双方首席代表），再给员工代表说明，最后双方进行签字仪式。

员工方律师：条款已谈成，先做成草案，双方签字后在职代会上说明，最后再正式签字，报劳动保障部门审查，最后张榜公布！

董事长：经过八次艰难谈判终于结束，大家下去给员工做一下说明，公司付出很大的努力，希望大家明白，安心工作！

主席：大家辛苦了！有付出才有收获，企业为员工，员工才会以更多的努力来回报企业，届时工会会召开员工代表大会讨论集体合同草案，最后要通过投票方式确定，后续关于《员工手册》修订等将与公司进行专项解决！

散会！本次集体合同谈判结束！

参考文献

艾云，2011，《上下级政府间"考核检查"与"应对"过程的组织学分析》，载《社会》第3期。

栢宁三相，2004，《对中国大陆工会组织新模式的研究》，载香港中文大学中国研究服务中心网站。

蔡昉，2007，《中国经济面临的转折及其对发展和改革的挑战》，载《中国社会科学》第3期。

蔡禾、李超海、冯建华，2009，《利益受损农民工的利益抗争行为研究——基于珠三角企业的调查》，载《社会学研究》第1期。

常凯，2004，《劳权论——当代中国劳动关系的法律调整研究》，北京：中国劳动社会保障出版社。

常凯，2005，《劳动关系学》，北京：中国劳动社会保障出版社。

常凯，2013，《劳动关系的集体化转型与政府劳工政策的完善》，载《中国社会科学》第6期。

陈骥，1999，《改革中的工会和工会的改革》，北京：中国工人出版社。

陈佩华，2012，《在产业民主缺失的背景下：中国和越南的产业冲突》，载特劳普·梅茨、岳经纶主编《中国产业民主——兼论德国、韩国与越南》，中国社会科学出版社。

陈剩勇、张明，2005，《中国地方工会改革与基层工会直选》，载
《新华文摘》第 4 期。

陈伟光，2012，《忧与思——三十年工会工作感悟》，北京：中国
社会科学出版社。

程延园，2004，《集体谈判制度研究》，北京：中国人民大学出版社。

董保华，2012，《劳动者自发罢工的机理及合法限度》，载《甘肃
社会科学》第 1 期。

董强、李小云，2009，《农村公共政策执行过程中的监督软化——以
G 省 X 镇计划生育政策的落实为例》，载《中国行政管理》第 12 期。

冯钢，2006，《企业工会的制度性弱势及其形成背》，载《社会》
第 3 期。

冯同庆，2001，《工会学概论》，北京：中国劳动社会保障出版社。

冯同庆：2011《工会学——当代中国工会理论》，北京：中国劳
动社会保障出版社。

弗里曼，1987，《劳动经济学》，北京：商务印书馆。

符平，2013，《中国农民工的信任结构：基本现状与影响因素》，
载《华中师范大学学报》第 2 期。

葛少英，1996，《我国罢工立法问题初探》，载《法商研究——中
南政法学院学报》第 3 期。

胡乔木，1982，《宪法修改委员会秘书长胡乔木在宪法修改委员
会第三次全体会议上的说明》。

黄岩，2008，《代工产业中的劳工团结——以兴达公司员工委员
会试验为例》，载《社会》第 4 期。

黄岩，2011，《全球化与中国劳动政治的转型》，上海：上海人民
出版社。

加拉格尔，2010，《全球化与中国劳工政治》，杭州：浙江人民出版社。

康晓光、韩恒，2005，《分类控制：当前中国大陆国家与社会关系研究》，载《社会学研究》第 6 期。

李春云、段毅，2014，《在工人与国家之间：中国劳工 NGO 的生成、类型及转型》，载集体谈判论坛。

李琪，2008，《产业关系概论》，北京：中国劳动社会保障出版社。

理查德·B. 弗里曼，1987，《劳动经济学》，北京：商务印书馆。

梁桂全，2012，《六论解放思想》，载《南方日报》系列评论文章。

林毅夫、任若恩，2007，《东亚经济增长模式相关争论的探讨》，载《经济研究》第 8 期。

刘建华，2011，《南海本田工资集体协商案始末》，载《小康》第 8 期。

玛丽·E. 加拉格尔，2010，《全球化与中国劳工政治》，杭州：浙江人民出版社。

裴宜理，2001，《上海罢工》，南京：江苏人民出版社。

乔健，2008，《促进工会体制改革，发挥产业工会作用》，载《工运研究》第 2 期。

乔健，2009，《2008 中国劳动关系回溯》，载陆学艺主编《中国社会形势分析与预测（2009）》，北京：社会科学文献出版社。

清华大学社会学系，2015，《农民工的新中国?》，载《二十一世纪》第 8 期。

渠敬东、周飞舟、应星，2009，《从总体支配到技术治理》，载《中国社会科学》第 6 期。

任小平、许晓军，2008，《职工权益自救与工会维权策略研究：基于盐田国际罢工事件的观察》，载《学海》第 5 期。

斯科特·詹姆斯，2001，《农民的道义经济学：东南亚的反叛与生存》，南京：译林出版社。

孙春兰，2008，《大力开展行业性、区域性工资集体协商》，http://www.gov.cn/jrzg/2008－04/11/content_942119.htm。

孙时联，2010，《中国经济尚未到达"刘易斯拐点"》，载《经济参考报》8 月 13 日。

童根兴，2005，《共识型工人的生产》，载《社会学研究》第 1 期。

王汉生、王一鸽，2009，《目标管理责任制：农村基层政权的实践逻辑》，载《社会学研究》第 2 期。

王侃，2009，《非正式工人团体与中国工人组织形态的变化》，中国人民大学劳动关系专业博士论文。

王同信，2011，《规则的力量》，载《中国职工教育》第 9 期。

王同信，2013，《把权力交给工人》，载《中国工人》第 5 期。

王同信等，2013，《深圳职工队伍与工会工作状况、特点及发展趋势》，载汤庭芬主编《深圳蓝皮书：深圳劳动关系发展报告（2013）》，北京：社会科学文献出版社。

王则柯，2002，《对付欺诈的学问——信息经济学平话》，北京：中信出版社。

温德姆勒，1994，《工业化市场经济国家的集体谈判》，北京：中国劳动出版社。

闻效仪，2009，《人力资源管理的历史演变》，北京：中国社会科学出版社。

闻效仪，2013，《集体合同工作中的行政模式以及工会困境》，载《中国党政干部论坛》第 5 期。

吴敬琏，2003，《建设民间商会》，载浦文昌等主编《市场经济与民间商会》，北京：中央编译出版社。

吴清军，2012，《集体协商与"国家主导"下的劳动关系治理》，载《社会学研究》第 3 期。

吴亚平，2008，《关于基层工会主席直选的几个问题》，载《工运理论研究》第 2 期。

谢玉华，2012，《中国行业工资集体协商效果的实证分析——以武汉餐饮行业为例》，载《经济社会体制比较》第 5 期

新望，2003，《苏南模式的终结》，北京：生活·读书·新知三联书店。

徐博、赵超，2011，《24 个省份年内调整最低工资》，载《新京报》2011 年 12 月 30 日。

许少英、陈敬慈，2011，《工会改革的动力与矛盾：以本田工人罢工为例》，载赵明华等（主编）《中国劳动者维权问题研究》，北京：社会科学文献出版社。

颜江伟，2007，《行政化与回归社会——中国工会体制的弊病与改革》，载《新华文摘》第 10 期。

杨静，2012，《刘易斯拐点的形成效应正在显现》，载《第一财经日报》2012 年 10 月 22 日。

姚先国，2005，《民营经济发展与劳资关系调整》，载《浙江社会科学》第 2 期。

游正林，2006，《管理控制与工人抗争——资本主义劳动过程研究中的有关文献述评》，载《社会学研究》第 4 期。

岳经纶，2007，《中国劳动政策：全球化与市场化的视野》，北京：社会科学文献出版社。

张建国，2010，《中国居民劳动报酬占 GDP 比重连降 22 年》，载《理论参考》第 7 期。

张维迎，2004，《博弈论与信息经济学》，上海：上海人民出版社。

张喜亮，2005，《集体合同制度在中国的发展》，载《工会博览》第8期。

赵鼎新，2006，《社会与政治运动讲义》，北京：社会科学文献出版社。

郑杭生，2007，《中国人民大学中国社会发展研究报告2007——走向更加有序的社会：快速转型期社会矛盾及其治理》，北京：中国人民大学出版社。

Booth, A. L. , 1995, *The Economics of the trade union*, Cambridge University Press.

Burawoy, M. , 1979, *Manufacturing Consent：Changes in the Labour Process Under Monopoly Capitalism.* , University of Chicago Press, Chicago.

Chan, A. , 1993, "Revolution or Corporatism? Workers and Trade Unions in Post-Mao China", The Australian, *Journal Chinese Affairs*, No. 29, pp. 31 – 61.

Chan, A. , 2000, "Globalization, China's free labor market and the Chinese Trade Unions", *Asia Pacific Business Review*, Vol. 35, No. 4, pp. 263 – 291.

Chan, A. , 1998, "Labour Relations in Foreign-funded Ventures, Chinese Trade Unions, and the Prospects for Collective Bargaining", In O'Leary, G. (ed.), *Adjusting to Capitalism：Chinese Workers and the State.* , Armonk：NY, M. E. Sharpe.

Chan, C. and Hui E. , 2012, "The Dynamics and Dilemma of Workplace Trade Union Reform in China：The Case of the Honda Workers' Strike", *Journal of Industrial Relations*, Vol. 54, No. 4, pp. 653 – 668.

Chan, C. and Hui E. , 2014, "The Development of Collective Bargaining in China：From 'Collective Bargaining by Riot' to 'Party State-led

Wage Bargaining'", *The China Quarterly*, Vol. 217, pp. 221 – 242.

Chan, C. K. C. , 2010, *The Challenge of Labour in China: Strikes and the Changing Labour Regime in Global Factories*, New York: Routledge.

Chen, F. , 2000, "Subsistence Crises, Managerial Corruption and Labour Protests in China", *The China Journal*, No. 44, p. 42.

Chen, F. , 2003a, "Between the state and labour : the conflict of Chinese trade unions' double identity in market reform", *The China Quarterly*, Vol. 12, pp. 1006 – 1028.

Chen, F. , 2003b, "Industrial Restructuring and Workers'Resistance in China", *Modern China*, Vol. 29, No. 2, p. 247.

Chen, F. , 2006, "Privatization and Its Discontents in Chinese Factories", *The China Quarterly*, Vol. 185, p. 57.

Chen, F. , 2009, "Union Power in China: source, operation, and constraints", *Modern China*, Vol. 35, No. 6, pp. 662 – 89.

Chen, F. , 2010, "Trade Unions and the Quadripartite Interactions in Strike Settlement in China", *The China Quarterly*, Vol. 201, pp. 104 – 124.

Clarke, S. , Lee, C. H. and Li, Q. , 2004, "Collective consultation and industrial relations in China", *British Journal of Industrial Relations*, Vol. 42, No. 2, pp. 235 – 254.

Clegg, H. A. , 1970, *The system of indastrial Relations in Great Britain*, Oxford: Blackwell.

Clegg, H. A. , 1976, *Trade Unionism under Collective Bargaining*, Oxford: Blackwell.

Deyo, Frederick, 1989, *Beneath the Miracle: labor Subordination in the New Asin Industrialism*, Berkeley and Los Angeles: University of California Press.

Dubin, R. 1954, "Constructive Aspects of Industrial Conflict", In *Industrial Conflict*, edited by A. Kornhauser, R. Dubin and A. M. Ross. New York: McGrawHill.

Flanders, A. , 1970, *Management and Unions*, London: Faber and Faber.

Fox, A. , 1975, "Collective Bargaining, Flanders, and the Webbs", *British Journal of Industrial Relations*, Vol. 13, No. 2.

Friedman, E. D. , 2014, "Economic Development and Sectoral Unions in China", *Industrial and Labor Relations Review*, Vol. 67, No. 2, pp. 481 – 503.

Gallagher, M. E. , 2005, *Contagious Capitalism: Globalization and the Politics of Labour in China*, Princeton: Princeton University Press.

Gao, J. , 2013, "Zhongguo Chukou Jiazhilian Yanhua Jiqi Neizai JizhiPaoxi" (Evolvement and Mechanism of Export Value Chain in China), *Finance & Trade Economics*, No. 4 2013, pp. 98 – 110.

Henderson, J. , 1998, *Danger and opportunity in the Asia—Pacific*. In Thompson, G (eds), *Economic Dynamism in the Asia Pacific*, London: Routledge.

Herding, R. G. , 1972, *Job Control and Union Structure*, The Hague: Rotterdam University Press.

Hinton, J. , 1973, *The First Shop Stewards' Movement*, London: George Allen & Unwin.

Hobsbawm, E. , 1968, *Labouring Men: Studies in the History of Labour*, London: Weidenfeld and Nicolson.

Hyman, R. , 1975, *Industrial Relations: A Marxist Introduction*, London: Macmillan.

Kaplinsky, R. and Morris M. , 2003, "Governance Matters in Value Chains", *Developing Alternatives*, Vol. 9, No. 1, pp. 11 – 18.

Kaufman, 2001, "Human Resources and Industrial Relations: Commonalities and Differences", *Human Resource Management Review*, pp. 339 – 374.

Lee, C. H. , Broun W. and Wen X. , 2015, "What Sort of Collective Bargaining Is Emerging in China?," *British Journal of Industrial Relations*.

Liu Mingwei, 2007, "Union organizing in China, swimming, floating or sinking".

Liu, M. , 2007, "Union Organizing in China: Still a Monolithic Labor Movement?", *Industrial and Labor Relations Review*, Vol. 64, No. 1, pp. 30 – 52.

Marginson, P. and Sisson, K. F. , 2006, *European Integration and Industrial Relations*, Basingstoke: Palgrave Macmillan.

Oi, J. C. , 1992, "Fiscal Reform and the Economic Foundations of Local State Corporatism in China", *World Politics*, Vol. 4, No. 1, pp. 99 – 126.

Perry, E. , 1993, *Shanghai On Strike: The Politics of Chinese Labour*, Stanford University Press, Stanford.

Pringle, T. , 2011, *Trade Unions in China: The Challenge of Labour Unrest*, Routledge, New York.

Pun Ngai and Lu Huilin, 2010, "Unfinished Proletarianization: self, anger and class action of the second generation of peasant-workers in reform china", *Modern china*, September 36: 493 – 519.

Scott, J. , 1987, *Weapons of the Weak: Everyday Forms of Peasant Resistance*, New Haven: Yale University Press.

Shambaugh, D. , 2009, *Chinese Communist Party: Atrophy and Adaptation*, University of California Press.

Taylor, B. and Qi Li. , 2007, "Is the ACFTU a Union and Does it Matter?", *Journal of Industrial Relations*, Vol. 49, No. 5, pp. 701 – 715.

Visser, Jelle. 1996. "Corporatism Beyond Repair? Industrial Relations in Sweden. ", In *Industrial Relations in Europe*, edited by Joris Van Ruysseveldt and Jelle Visser, Heerlen: Open University.

Warner, M. & Ng Sek-Hong , 1999, "Collective Contracts in Chinese Enterprises: A New Brand of Collective Bargaining under' Market Socialism?" *British Journal of Industrial Relations*, Vol. 37, No. 2.

Webb, S. and Webb, B. , 1897, *Industrial Democracy*, London: Longmans, Green, and Co. .

Wen Xiaoyi and Lin Kevin, 2015, "Restructuring China's State Corporatist Industrial Relations System: the Wenling experience", *Journal of Contemporary China*, Vol. 24 , Issue 94, pp. 665 – 683.

White, G. , Howell, J. , Shang, H. and Shang, X. , 1996, In *Search of Civil Society: Market Reform and Social Change in Contemporary China*, Clarendon Press, Oxford.

Wilson, James Q. , 1989, *Bureaucracy: What Government Agencies Doand Why They Do It*, New York: Basic Books.

Xu Xiahong, 2004, "Ziran zhuangtai de gongzi jiti xieshang" (Collective consultation on wages in the state of nature), paper presented at the International labour Law Forum-Reform and Development Conference, Beijing: 26 – 28 February.

Xu Yi, 2013, "Labor NGOs in China: Mobilizing rural migrant workers", *Journal of Industrial Relations*, Vol. 2.

Zhang, J. , 2007, "Business associations in China: two regional experiences", *Journal of Contemporary Asia*, Vol. 37, No. 2, pp. 209 – 31.

图书在版编目（CIP）数据

转型期中国集体协商的类型化与制度构建／闻效仪
著. -- 北京：社会科学文献出版社，2016.8
（中国劳动关系学院学术论丛）
ISBN 978 - 7 - 5097 - 9462 - 3

Ⅰ.①转⋯　Ⅱ.①闻⋯　Ⅲ.①劳动关系 - 研究 - 中国
Ⅳ.①F249.26

中国版本图书馆 CIP 数据核字（2016）第 155242 号

·中国劳动关系学院学术论丛·
转型期中国集体协商的类型化与制度构建

著　者／闻效仪

出 版 人／谢寿光
项目统筹／高明秀　王晓卿
责任编辑／杨　慧

出　　版／社会科学文献出版社·当代世界出版分社（010）59367004
　　　　　　地址：北京市北三环中路甲 29 号院华龙大厦　邮编：100029
　　　　　　网址：www. ssap. com. cn
发　　行／市场营销中心（010）59367081　59367018
印　　装／三河市尚艺印装有限公司

规　　格／开本：787mm×1092mm　1/16
　　　　　　印张：14.75　字数：191 千字
版　　次／2016 年 8 月第 1 版　2016 年 8 月第 1 次印刷
书　　号／ISBN 978 - 7 - 5097 - 9462 - 3
定　　价／69.00 元

本书如有印装质量问题，请与读者服务中心（010 - 59367028）联系